타나토스 총서

Θάνατος

10

죽음을 생각한다는 것

Θάνατος

타나토스 총서   **10**

소크라테스는 자기가 다른 사람들보다 더 지혜롭다고 말할 수 있는 것은 바로 죽음에 대해 잘 알지 못하면서 잘 알지 못한다고 생각한다는 점 때문이라고 말한다. 죽음에 대해서 잘 알지 못하는 것은 소크라테스든 다른 어떤 이든 매한가지인데, 소크라테스는 잘 알지 못한다고 생각하는 반면 다른 이들은 잘 안다고 생각한다는 것이다. 죽음에 대해 잘 모른다는 것을 아는 이는 죽음에 대해 잘 모른다는 것도 모르는 사람에 비하면 비교할 수 없을 만큼 지혜롭다.

죽음을 생각한다는 것

고대 희랍의 죽음 이해

이강서 지음

도서출판 모시는사람들

※ 이 저서는 2012년 정부(교육부)의 재원으로 한국연구재단의 지원을 받아 수행된 연구임(NRF-2012S1A6A3A01033504).

차례　죽음을 생각한다는 것

1. 아르카디아에도 죽음은 있다 ——————— 9

지극히 실존적인 책 머리말: "버림을 받았을 땐 죽음을 생각했다"——9
"아르카디아에도 나는 있다"————————————20
죽음의 무도————————————————————23

2. 마지막 말 한마디 ————————————— 29

백조의 노래——————————————————29
평화의 정원——————————————————31
묘비명————————————————————52
"나는 자유다"————————————————61
플라톤이 남긴 에피그램————————————63
죽음을 일깨우는 촌철살인————————————67

3. 두 가지 개념 쌍: 헬레니즘과 헤브라이즘, 미토스와 로고스—71

헬레니즘과 헤브라이즘————————————71
미토스와 로고스————————————————77
인간 정체성과 죽음——————————————78

차례 ┃ **5**

1. 아르카디아에도 죽음은 있다

지극히 실존적인 책 머리말: "버림을 받았을 땐 죽음을 생각했다"

비교적 일찍 죽음을 생각하기 시작했다. 그 출발점은 어머니였다. 어머니는 대체로 밝고 웃음이 많은 분이었다. 병이 찾아오기 전에는. 어느 해 정월 대보름 초저녁, 예닐곱이나 되는 거지들이 우리 집에 쳐들어와서는 대문을 사이에 두고 밥 한 술 달라고 목청껏 소란을 피울 때, 겁 많은 어머니는 놀라 어쩔 줄 몰라 했다. 옥신각신 끝에 잘 알고 지내는 동네 아주머니들이 일부러 거렁뱅이 복장을 하고는 장남삼아 한 것이라는 게 밝혀지자 어머니는 왈칵 눈물을 쏟았다. 이날 밤 한바탕 소동은 웬일인지 유년 시절 어머니에 대한 기억의 한복판에 자리 잡아 있다. 유난히 눈물과 웃음이 많은 분이었다는 기억. 어머니는 우리말을 어찌나 유장하게 잘 하시던지 늘 나를 경탄케 하셨다. 누나들과 형에게 어머니가 방금 한 저 말이 무슨 뜻인 줄 아느냐고 다그쳐 묻고는 나는 알고 있다고 거만을 떨기도 했다. 내게 조금이라도 글솜씨와 말솜씨가 있다면 그건 어머니에게서 온 것이다. 나를 키운 건 8할이 어머니 말솜씨였다. 일상 대화 중 어머니로부터 들은 '화수분'이라는 단어를 훗날 학교에서 전영택의 소설 제목으로 재발견하기도 했다. 꺼내도 꺼내도 바닥이 나지 않는 보물단지라는 뜻의 '화수분'을 일상 대화 가운데 구사하셨다. 그런 어머니에게 큰 병이 찾아왔다. 어린 시절 들은 기억으로는 막내를 낳고 출혈이 심해 수혈 받은 게 잘못되었다고 한다. 아마도 이 과정에서 간염을 얻은 것 같다고 들었다. 이후 우리 집 분위기는 오로지 어머니 건강 상태에 좌우되었다. 몹시 힘들어 하시다가도 조금만 몸이 괜찮아지면 금세 장독대의 항아리를 닦으시는 바지런한 분이셨다. 병세가 깊어졌다가 나아지고 또 얼마 뒤에는 다시 나빠지는 고약하고 지루한 순환이 이어졌다. 어머니가 힘들어하실 때 내 눈에 뙨 시가 조지훈의 〈병에게〉였다.[1]

〈병에게〉

어딜 가서 까맣게 소식을 끊고 지내다가도
내가 오래 시달리던 일손을 떼고 마악 안도의 숨을 돌리려고 할 때면
그때 자네는 어김없이 나를 찾아오네.

자네는 언제나 우울한 방문객
어두운 음계(音階)를 밟으며 불길한 그림자를 이끌고 오지만
자네는 나의 오랜 친구이기에 나는 자네를
잊어버리고 있었던 그 동안을 뉘우치게 되네.

자네는 나에게 휴식을 권하고 생(生)의 외경(畏敬)을 가르치네.
그러나 자네가 내 귀에 속삭이는 것은 마냥 허무
나는 지그시 눈을 감고, 자네의
그 나직하고 무거운 음성을 듣는 것이 더없이 흐뭇하네.

내 뜨거운 이마를 짚어 주는 자네의 손은 내 손보다 뜨겁네.

자네 여원 이마의 주름살은 내 이마보다 눈물겨웁네.

나는 자네에게서 젊은 날의 초췌한 내 모습을 보고

좀 더 성실하게, 성실하게 하던

그날의 메아리를 듣는 것일세.

생에의 집착과 미련은 없어도 이 생은 그지없이 아름답고

지옥의 형벌이야 있다손 치더라도

죽는 것 그다지 두렵지 않노라면

자네는 몹시 화를 내었지.

자네는 나의 정다운 벗, 그리고 내가 공경하는 친구

자네는 무슨 일을 해도 나는 노하지 않네.

그렇지만 자네는 좀 이상한 성밀세.

언짢은 표정이나 서운한 말, 뜻이 서로 맞지 않을 때는

자네는 몇 날 몇 달을 쉬지 않고 나를 설복(說服)하려 들다가도

내가 가슴을 헤치고 자네에게 경도(傾倒)하면

그때사 자네는 나를 뿌리치고 떠나가네.

잘 가게 이 친구

생각 내키거든 언제든지 찾아 주게나.

차를 끓여 마시며 우린 다시 인생을 얘기해 보세그려.

오랜 병마에 시달리던 시인이 자신의 병과 대화를 나누는 것처럼 나는 내 어머니의 병과 대화를 나누곤 했다. 그런 영향에서인지 중학교 시절 담임선

생님은 나더러 속에 영감이 너덧은 들어 있는 '애늙은이'라고 했다. 국민학교와 중학교를 전주에서 마친 나는 서울로 가 고등학교에 입학했다. 고등학교 시절은 참 외로웠다. 한 차례 입학시험에 실패했던 동기 녀석들은 첫 학기부터 벌써 대학 입학시험에서의 복수전을 준비한다고 했다. 그들 사이에서 나는 완전한 섬이었다. 도무지 그들과 같은 시대를 산다는 느낌이 들지 않았다. 그 무렵 '시대착오'(anachronism)라는 어휘를 곱씹었다. 나와 몇 마디 말이라도 주고받은 이는 얼마 되지 않았다. 시간이 흘러 대학에서 만난 어느 동창 녀석은 아예 내가 벙어리인 줄 알았노라고 했다. 고등학교 시절 내내 온갖 불만으로 가득 차 있었다. 가회동 한옥마을에 있던 집에는 덧붙여 지은 이층 별채가 있었는데, 그 별채의 가파른 나무 층계를 오르면 당시로서는 제법 많은 책이 있던 방이 나왔다. 가회동이 내려다보이는 그 방에 틀어박혀 책을 읽는 것으로 세상과의 불화를 삭였다. 만일 천국이 있다면 도서관 같을 것이라는 보르헤스(Jorge Luis Borges)의 말을 이때 온몸으로 실감했다. 대학 입학시험을 코앞에 두고도 태연하게 한국 문학 전집, 세계 문학 전집, 세계 사상 전집을 읽느라 시간을 보내 대학 갈 생각이 없는 놈이라는 핀잔을 들었다.

이때 유독 반복적으로 읽은 것이 손창섭, 장용학, 박상륭의 소설들이었다. 셋 다 한국전쟁 이후 피폐한 상황에서의 인간 실존을 문제 삼는 무겁고 어두운 작품 세계를 보여준다. 간질 환자, 불구자, 죄수 등 결핍된 인간이 주로 등장하는 손창섭의〈신의 희작〉,〈비 오는 날〉,〈잉여 인간〉,〈인간 동물원 초〉, "태어나면서부터 한 살"이라는 실존 선언으로 시작하는 장용학의〈요한 시집〉과 근친상간의 문제를 건드리는〈원형의 전설〉, 질펀한 토속 언어로 시종일관 죽음의 문제를 다루는 박상륭의〈죽음의 한 연구〉,〈열명길〉을 참 여러 번도 읽었다. 이 무렵에도 어머니의 병세는 널뛰기를 거듭했다.

"남의 집 아들들은 어머니에게 싹싹하게 잘도 한다는데 너는 어쩌자고 어미가 대하기 어려운 자식이냐."는 푸념을 하면서도 어머니는 아들을 위해 병석에 누워서도 줄곧 묵주기도를 하셨다. 그런데도 아들은 지독히도 수학을 못해 어머니의 기대를 저버리고 대학 입학시험에서 거듭 낙방했다. 재수 끝에 겨우 철학과에 들어가서도 질풍노도와도 같은 번민과 방황이 계속될 뿐이었다. 한 해 뒤 휴학을 하고는 8월 초 입대하여 작열하는 태양 아래 한 웅큼 소금을 삼켜 가며 논산훈련소 붉은 황토 훈련장을 온몸으로 기었다. 체력이 엉망이었지만 무엇보다도 있으나 마나한 눈이 문제였다. 사격을 통과해야 저 무시무시한, 피가 나고 알이 배긴다는 피알아이(PRI) 사격술 예비 훈련을 면할 텐데 도무지 사격 표적지가 보이질 않았다. 이러다간 3년 내내 사격 훈련을 통과하지 못해 논산훈련소 귀신이 되겠구나 생각하던 중 어느 날 눈먼 총알이 표적지에 떨어지는 귀신 곡할 일이 벌어졌다. 가까스로 논산훈련소를 벗어나자 육군본부가 나의 이런 사정을 헤아렸는지 작은 식스틴 총알 대신 큰 155밀리 대포를 쏘라고 경기도 연천 3번 국도변 야전포병부대에 나를 배치했다. 소설가 이문열이 1979년 동아일보 신춘문예를 통해 문단에 오른 작품 〈새하곡〉(塞下曲)은 내 포병부대 생활을 그대로 그려낸 듯 했다. 군 생활을 할 부대에 도착해 보니 모든 병사들이 산적같이 체격이 커 그 사이에 나는 그야말로 고목에 달린 매미였다. 매일 아침 점호에서 고향을 향해 잠깐 고개를 숙이는 시간에 나의 지향은 오로지 어머니였다. 설마 무슨 일은 없겠지? 그런 일은 절대로 있어선 안 돼. 신석정 시인의 시 제목을 바꿔 매일 아침 속으로 외쳤다. "어머니, 아직 촛불을 끌 때가 아닙니다." 군 복무 기간 내내 어머니는 건강을 회복하지 못했다. 입대하는 날에 혼자서 집결지 수색역에 갔고, 3년 동안 어머니 면회를 기대할 수 없었다.

군대 시절 다른 병사들 가족이 부대로 찾아오는 토요일에 나는 거의 붙박이로 대공 초소 보초를 섰다. 어차피 나를 면회하러 올 가능성은 없기에 다른 병사라도 마음 편히 가족을 만나는 게 좋겠다는 생각에 자진해서 보초 근무를 나갔다. 매년 연말이 가까워지면 내무반에 철사 줄을 가로질러 설치하고는 병사들 앞으로 배달되어 오는 성탄 카드, 연하장을 줄줄이 걸곤 했다. 해마다 카드를 가장 많이 받은 병사가 누구인지를 가려내는 일이 지루한 병영 생활의 작은 즐거움이었다. 나는 당시 신기록을 수립했다. 군대에서 보낸 세 번의 연말을 통틀어 내 앞으로 오는 우편 배달물은 없었다. 나는 잊혀진 사람이었다. 뽀빠이가 진행하는 군 위문 방송의 그 유명한 외침 "내 어머니가 맞습니다."는 나에게는 해당 없었다. 어머니를 업고 동료 병사들에게 손 흔들며 고향 앞으로 가는 일은 꿈에서도 일어나지 않았다. 그렇지만 어머니는 고맙게도 잘 견뎌 주셨고 나는 드디어 제대했다. 그 한 달 뒤 어머니는 세상을 떠났다. 1981년 4월이었다. 하얀 목련이 죄다 후드득 지던 봄날 이제 아들이 제대했으니 떠나도 된다고 여기셨을까. 어머니의 오랜 병고와 죽음은 내 사유의 지향을 어느 정도 규정했다. 그로부터 세월이 한참 지나 2009년 봄 재직하던 대학에서 연구년을 맞아 독일 튀빙엔에 체류하던 나는 급한 연락을 받았다. 아버지 병세가 악화되어 빨리 귀국해야 하겠다는 것이었다. 서둘러 귀국하여 병원으로 달려가 보니 온갖 장치에 연결된 아버지는 이미 의사 표현을 할 수 없는 상태였다. 의료진이 사정을 고려하여 인위적인 방법으로 생명을 유지했노라고 들었다. 아버지는 돌아가셨고 나는 고아가 되었다.

죽음을 생각하게 하는 계기는 또 있었다. 한일 월드컵 축구 대회가 있던 해인 2002년 우리 형제가 모두 쓰러졌다. 나는 다시 일어났고 아직 살아 있지만, 형은 깨어나지 못했다. 나이 오십도 다 채우지 못한 채. 나는 새해가 시작되는 1월 1일에 집에서 정신을 잃고 쓰러져 구급차에 실려 병원으로 갔다. 이런저런 검사에도 불구하고 진단을 내리기 어렵게 되자 처음의 병원은 대학 병원으로 이송할 것을 제안했다. 대학 병원에서도 여러 검사를 거쳤지만 애매하기는 마찬가지였다. 엠알아이(MRI) 검사는 촬영 기사가 인내심을 갖고 기다려 주었건만 끝내 이뤄지지 않았다. 내가 견뎌 내지 못해서였다. 검사를 위해 통 속에 들어가자마자 도로 꺼내 달라고 발버둥 치기를 여러 차례, 결국 검사는 이뤄지지 않았다. 정확한 진단을 위해서는 이 촬영이 필요하다는데, 당시의 나로서는 검사받다 죽겠다는 생각뿐이었다. "기질적으로는 문제가 없는데 기능적으로 문제가 있다."는 알 수 없는 말을 듣고는 집으로 돌아왔다. 그로부터 전에는 없던 증상이 시작되었다. 수시로 참을 수 없는 불안과 공포가 덮쳐 오는 것이다. 숨이 턱 막히고 금방이라도 정신을 잃을 것 같다. 구급차를 불러서 응급실에 가야 하는 것 아닐까? 아니 구급차가 도착하기까지 버틸 수 있을까? 아, 이렇게 끝나는 것인가? 나는 몹시 불편한데 가족들은 전혀 눈치채지 못하는 것 같다. 내가 이렇게 불편하면 얼굴이 하얗게 질리든지 숨이 가쁘든지 가족들도 알아차릴 수 있을 것 같은데 말이다. 시간이 지나면서 나름 어느 경우에 증상이 심해지는지 정리가 되었다. 교통수단 안에서 가장 증상이 심했다. 버스로 출퇴근하는 처지인데 중간에 몇 번씩이나 내려야 하는 것 아닌지를 고민하게 되었다. 책을 찾아 읽고 여기저기 정보를 검색해서 스스로 진단을 내렸다. 공황장애(panic disorder)였다. 희랍어로 토 판(to pan)은 '전체'를 뜻한다. 이 말에서 나온 판(Pan) 신은 어디에나 있는 신, 도처에 있는 신이다. 마치 우리 전래 동화의 날도깨비처럼 갑자기 예상하지 못한 곳에서 불쑥불쑥 나타나 사람을 놀래킨다. 이 신의 이름으로부터 패닉(panic)이라는 영어 단어가 유래했다. 누구보다도 죽음에 대해 많이 생각한다는 철학 전공자가 죽음의 공포에 사로잡혀 있다는 사실이 몹시 창피했다. 그렇지만 발작하듯 덮쳐 오는 죽음의 공포 앞에 속수무책이었다. 2008년 가을 연구년을 맞아 독일 튀빙엔대학에 가려던 나는 전남대 심리학과 오수성 교수님을 통해 신경정신과 의사를 소개받았다. 비행기 여행이 무척 걱정되었다. 만일 날아가는 비행기 안에서 공황 발작이라도 일으키면 어떻게 되는 건가. 비행기 승무원과 격투를 벌여 출입문을 열려고 하지는 않을까. 신경정신과 의사는 일 년 치 약 한 보따리를 처방해 주었다. 늘 상의 호주머니에 상비해 지니고 다니다가 급하면 삼키라고 했다. 천만다행으로 오고가는 비행기 여행 중이나 유럽 안에서의 이동 중에 이 약을 먹을 상황은 벌어지지 않았다.

진즉부터 나의 십팔번 노래는 가곡 〈비목〉(碑木)이었다. 이 노래는 한국전쟁 중 어느 깊은 계곡 한쪽에 미처 제대로 된 무덤을 만들지 못하고 비석도 세우지 못한 채 그저 얼키설키 누군가의 무덤임을 표시하느라 세워 둔 나무 십자가를 떠올리게 한다. 누군가의 사랑스런 자식이요, 자상한 남편일 수도 있고, 우애 깊은 형이나 오빠일 수 있는 이 이름 모를 병사의 죽음은 일찍이 나를 사로잡았다.

〈비목〉

초연(硝煙)이 쓸고 간 깊은 계곡 깊은 계곡 양지 녘에
비바람 긴 세월로 이름 모를 이름 모를 비목이여
먼 고향 초동(樵童) 친구 두고 온 하늘가
그리워 마디마디 이끼 되어 맺혔네.

궁노루 산울림 달빛 타고 달빛 타고 흐르는 밤

홀로 선 적막감에 울어 지친 울어 지친 비목이여

그 옛날 천진스런 추억은 애달파

서러움 알알이 돌이 되어 쌓였네.

　때와 장소를 가리지 않고 가곡 〈비목〉을 불러대는 나를 두고 사람들은 청승맞다고 했지만 나를 매혹시킨 것은 바로 '죽음의 미학'이었다. 그 다음으로 즐겨 부르게 된 노래는 정태춘의 〈떠나가는 배〉였다. 실은 양중해의 시에 변훈이 곡을 붙인, 같은 제목 다른 노래인 가곡 〈떠나가는 배〉를 먼저 알게 되었다.

　〈떠나가는 배〉

저 푸른 물결 외치는 거센 바다로

오! 떠나는 배

내 영원히 잊지 못할

님 실은 저 배는 야속하리

날 바닷가에 홀 남겨 두고

기어이 가고야 마느냐

터져 나오라 애슬픔 물결 위로

오! 한 된 바다

아담한 물이 푸른 물에

애끊이 사라져 내 홀로

외로운 등대와 더불어

수심 뜬 바다를 지키련다

저 수평선을 향하여 떠나가는 배
오! 설운 이별
님 보내는 바닷가를
넋 없이 거닐면 미칠 듯이
울부짖는 고동 소리
님이야 가고야 마느냐

이별과 애별리고(愛別離苦)는 죽음의 또 다른 얼굴이다. 청승맞다는 지청
구는 계속되었다. 그러다 정태춘이 부르는 같은 제목의 노래를 만났다. 이
제 배는 한결 부드럽게 떠난다.

〈떠나가는 배〉

저기 떠나가는 배 거친 바다 외로이
겨울비에 젖은 돛에 가득 찬 바람을 안고서
언제 다시 오마는 허튼 맹세도 없이
봄날 꿈같이 따사로운 저 평화의 땅을 찾아
가는 배여 가는 배여 그 곳이 어드메뇨
강남길로 해남길로 바람에 돛을 맡겨
물결 너머로 어둠 속으로
저기 멀리 떠나가는 배

너를 두고 간다는 아픈 다짐도 없이

남기고 가져갈 것 없는 저 무욕의 땅을 찾아

가는 배여 가는 배여 언제 우리 다시 만날까

꾸밈없이 꾸밈없이 홀로 떠나가는 배

바람 소리 파도 소리 어둠에 젖어서 밀려올 뿐

바람 소리 파도 소리 어둠에 젖어서 밀려올 뿐

몇 차례 십팔번이 바뀌었지만 드디어 최종판이 나타났다. 앞으로는 더 이상 바뀔 일이 없을 것 같다. 이젠 노래 부르라면 가사도 잘 떠오르지 않는다. 실은 노래 부를 일도 별로 없다. 이렇게 확립된 내 요지부동 십팔번은 최희준이 부르는 〈종점〉(終點)이다

〈종점〉

너를 사랑할 땐 한없이 즐거웠고

버림을 받았을 땐 끝없이 서러웠다

아련한 추억 속엔 미련도 없다마는

너무도 빨리 온 인생의 종점에서

싸늘하게 싸늘하게 식어만 가는

아 아 아 내 청춘 꺼져 가네.

너를 사랑할 땐 목숨을 걸었었고

버림을 받았을 땐 죽음을 생각했다

지나간 내 한평생 미련도 없다마는

너무도 짧았던 내 청춘 종점에서

속절없이 속절없이 꺼져만 가는

아 아 아 한 많은 내 청춘.

　내가 즐겨 부르는 이 네 곡은 모두 '죽음'을 노래한다. 죽음을 노래하고 죽음을 생각하다가 오늘에 이르렀다. 늘 죽음을 생각했지만 죽음은 여전히 어렵다.

"아르카디아에도 나는 있다"

　프랑스 루브르 박물관 소장 회화 작품 가운데에 니콜라 푸생(Nicolas Poussin, 1594-1665)의 유화 〈아르카디아의 목자들〉이 있다. 17세기 푸생은 프랑스 고전주의를 확립한 화가로서 그리스 · 로마 신화 및 고대 역사를 연구하고 이를 바탕으로 다수의 작품을 완성했다. 〈아르카디아의 목자들〉 역시 그런 계열의 작품이다. 그림의 배경이 되는 아르카디아(Arcadia)는 그리스 펠로폰네소스(Peloponnesos) 반도 중앙부에 있는 실제 지명이다. 이 지역 주민들은 주로 목축에 종사한다. 그러나 이 초원 지대는 원래 이상적인 축복의 땅이 아니었다. 이 지역 출신의 시인이자 역사가 폴리비오스(Polybios)는 로마로 망명하여 지내면서 자신의 고향 아르카디아에 대한 내용을 담은 저서 『역사』를 썼다. 이 책에서 그는 아르카디아를 '무지한 목동들로 가득한 황량한 들판'으로 묘사했다. 이런 아르카디아를 풍요와 축복의 땅으로 처음 표현한 사람은 로마의 시인 베르길리우스(Vergilius)이다. 그는 목신(牧神)을 '아르카디아의 신'이라고 했다. 이후 아르카디아는 수많은 이들을 통

——— 아르카디아의 목자들(아르카디아에도 나는 있다)
니콜라 푸생, 1637-1639년, 캔버스에 유채, 85 x 121cm, 루브르 박물관

해 천국이나 낙원과 같은 이상향, 특히 목가적이고 평화로운 이상향으로 재해석되었다. 이상향을 나타내는 표현은 동서양에 걸쳐 적지 않다. 유토피아(utopia), 축복받은 자들의 섬들(極樂群島, makaron nesoi),[2] 엘리시온 평야(Elysion pedion), 엘도라도(El Dorado), 샹그릴라(Shangri-La), 무릉도원(武陵桃源), 도원향(桃園鄉), 율도국(栗島國, 허균의『홍길동전』) 등이 대표적이다. 이런 표현들 사이에서도 강조되는 점이 차별화되는데, 아르카디아는 '목가적'이라는 특징을 갖는다.

푸생의 그림을 자세히 들여다보면 아르카디아의 조용하고 평화로운 평원을 배경으로 한 여인과 세 젊은이가 무리 지어 등장한다. 세 청년은 모두 나뭇잎으로 엮은 관을 머리에 쓰고 지팡이를 들고 있는 것으로 보아 양치기로 추정된다. 그런데 이들의 행동과 자세는 저마다 다르다. 맨 왼쪽의 사나이는 한 손을 석관에 걸치고는 깊은 생각에 빠져 있다. 가운데의 사나이는 한쪽 무릎을 꿇어 몸을 낮춰서는 석관에 새겨진 글귀를 읽으려고 한다. 나머지 한 사나이는 이 글귀를 손가락으로 가리키면서 오른쪽 옆에 서 있는 아름다운 여인을 돌아본다. 이 아름다운 여인은 왼쪽 양치기 청년의 어깨에 오른손을 살짝 얹은 채로 말없이 석관을 내려다본다. 등장인물 네 명 모두에게 관심의 초점이 되는 것은 석관에 쓰인 라틴어 글귀이다. "아르카디아에도 나는 있다(Et in Arcadia Ego)." 바로 이것이 이 작품의 또 다른 제목이기도 하다. 이것은 의인화된 죽음이 그림을 보는 이들에게 말하려는 내용이다. 평화롭고 목가적인 이상향 아르카디아에도 죽음은 있다. 하물며 다른 곳은 더 말할 필요도 없다. 죽음은 어디에나 있고 누구도 죽음을 피할 수 없다는 것이다. 죽음의 보편성과 불가피성이다.

화가 푸생은 '아르카디아에도 나는 있다'라는 주제를 두 가지 버전으로 그렸다고 한다. 그 첫 번째 작품은 양치기 청년들이 해골을 직접 목격하는 현장을 보여주어 좀 더 직접적으로 인생의 덧없음과 죽음을 표현했다면, 방금 우리가 살펴본 두 번째 작품에서는 죽음의 메시지를 좀 더 우회적으로 표현했다는 평가를 받는다. 누구도 피해갈 수 없는 죽음을 나타낸 라틴어 글귀 "아르카디아에도 나는 있다(Et in Arcadia Ego)."는 이후 다른 이들도 흔히 인용하는 표현이 되었다. 푸생과 비슷한 시기를 산 이탈리아 화가 구에르치노(Guercino, 1591-1666)도 동일한 제목으로 그림을 그렸다.

죽음의 무도

중세 말 유럽에는 죽음에 대한 성찰이 전면으로 부각되어 '죽음의 무도(舞蹈)'(영어 Dance of Death, 불어 Danse Macabre, 독일어 Totentanz)라는 용어가 확립되기에 이른다. 14세기 중엽 유럽을 휩쓴 흑사병과 프랑스와 영국 사이에 벌어진 백년전쟁(1337-1453)의 참화가 죽음에 대한 강박관념을 불러일으킨 것으로 보인다. 누구나 죽게 마련이며 죽음 앞에서는 모든 사람이 평등하다는 것을 일깨운다. '죽음의 무도'는 시와 소설과 같은 문학, 회화·판화·조각과 같은 조형 예술, 음악 등 거의 전방위적으로 표현되었다. '죽음의 무도' 개념이 충분히 드러나 있는 가장 오래된 예는 프랑스 파리 '죄 없는 사람들의 공동묘지'(Cimetière des Innocents)에 있었던 연작 그림들이라고 한다. 이 연작 그림에서는 교회와 국가의 모든 계급의 사람들이 장엄한 무도회를 열고 있고, 살아 있는 사람들이 해골이나 시체들과 섞여 어디론가 가고 있다. 죽음의 무도를 다룬 작품들은 직·간접적으로 이 연작 그림들의 영향을 받은 것으로 보이는데, 정작 이 연작 그림들은 1699년에 파괴되었다. 죽음의 무도는 통상 수도원의 긴 회랑에서 많이 발견된다. 16세기 독일의 홀바인(Hans

───── 죽음의 무도

작자 미상. 1493년으로 추정, 파리 장식예술도서관, 출처: 위키피디아.

Holbein, 1497-1543)은 이 주제의 뛰어난 목판화 연작 41점을 남겼다. 조형예술 영역에서는 대략 두 가지 버전이 있다. 한 버전에서는 한밤중에 묘지에서 죽은 이들의 해골들이 무덤에서 나와 무도회를 연다. 다른 한 버전에서는 산 이들과 죽은 이들이 함께 등장한다. 교황과 황제가 앞장서고 어린이·성 직자·은둔자가 그 뒤를 따르는데, 죽은 이들이 산 이들을 무덤으로 데려간 다.

음악에서는 19세기와 20세기 낭만파에서 이 주제가 되살아난다. 대표적 인 것이 프랑스 작곡가 생상스(C.C. Saint-Saëns)의 교향시 〈죽음의 무도〉이다. 스위스 작곡가 오네게르(A. Honegger)는 같은 제목의 칸타타를, 헝가리 작곡 가 리스트(F. Liszt)는 〈피아노와 관현악을 위한 죽음의 무도〉를 각각 남겼다. 생상스의 〈죽음의 무도〉는 피겨 스케이팅 선수 김연아가 배경 음악으로 쓰 기도 해서 널리 알려져 있다. 김연아의 담대하고 섬세한 연기가 음악과 잘 어우러진다. 어느 대회에선가 김연아 선수의 강력한 경쟁자가 훌륭한 연기 를 마치고는 높은 점수를 얻자 관중들이 환호했다. 다음 차례로 연기를 준 비하던 김연아가 그 환호성을 듣고는 지어 보이던 표정이 인상적이었다. 기 다려라! 나 아직 남았다. 지금의 환호성은 너무 이르다. 아니나 다를까 김연 아는 경쟁자의 연기를 능가하는 모습을 보여주었고 이 대회 우승을 차지했 다. 애절하기도 하고 서럽기도 한 〈죽음의 무도〉를 얼음판 위에서 완벽하 게 표현해 냈다. 실은 고백컨대 나는 김연아 선수의 연기를 생중계로 본 적 이 없다. 삐끗하면 어쩌나, 엉덩방아라도 찧으면 어쩌나 오금이 저려서 겨 우 재방송을 보면서 감탄하곤 했다.

'죽음의 무도'라는 테마와 연관되어 유럽에는 끊임없이 죽음을 환기시키 는 '해골 성당'들이 있다. 성당은 제단을 비롯해 거의 모든 것이 수많은 해골 들로 채워지고 장식된다. 특히 유명한 몇 곳을 들 수 있겠다. 이탈리아 로마

─────── 죽음의 무도

작자 · 연대 미상, 출처: 위키피디아.

에 있는 산타 마리아 델라 콘체치오네(Santa Maria della Concezione) 성당 지하는 성직자 4천 명의 유골로 가득하다. 체코 쿠트나 호라(Kutná Hora)의 코스트니체 세드렉 성당에는 14세기 흑사병과 15세기 후스전쟁으로 인한 사망자 4만 명의 유골이 보관되어 있다. 폴란드 쿠도바 즈도로이의 해골 성당에도 순례객이 끊이지 않는다. 여기에는 30년전쟁, 쉴레지엔전쟁 그리고 전염병으로 숨진 2만 5천 명 유골이 모셔져 있다. 이런 해골 성당들은 방문객들에게 누구도 죽음을 피할 수 없으며 더구나 그 죽음이 머지않아 들이닥친다는 사실을 잊지 말라고 일깨운다.

2. 마지막 말 한마디

백조의 노래

한 사람이 생의 맨 마지막 순간에 남기는 말을 가리켜 '백조의 노래'(swan song)라고 부른다. 실제로 백조라는 새가 죽음에 이르러 가장 아름다운 노래를 부르는지는 알 길이 없다. 김형경의 소설 『새들은 제 이름을 부르며 운다』에 이런 표현이 있다. "새들이 울 때 제 이름을 부르면서 운다는 거 알어? 딱따구리는 딱따구르르 하고 부엉이는 부엉부엉 하고 까마귀도 소쩍새도 다 그래. 제 이름을 부르면서 울지. 그 생각을 하면 세상에서 제일 슬프게 우는 동물은 새인 것 같아."[3] 우리는 통상 새가 운다고 표현하지만, 실은 도대체 새가 노래를 부르는 것인지, 우는 것인지 아니면 웃는 것인지 가려내기 어렵다. 그렇지만 한 인간이 죽음을 목전에 두고서는 아마도 진실된 말, 가장 고양된 말을 하리라는 기대를 할 수는 있을 것이다. 대체로 '백조의 노래'는 한 인간의 최후의 말, 거짓이 섞이지 않은 고도로 응축된 표현을 가리킨다고 하겠다. 동양의 절창(絶唱)이라거나 절명시(絶命詩)도 비슷한 성격의 것이라고 할 수 있겠다.

우선 소크라테스의 '백조의 노래'를 들 수 있을 것이다. 소크라테스는 독배를 들어 들이키고는 아스클레피오스(Asklepios)에게 닭 한 마리를 갚아 달라고 한다.[4] 아스클레피오스는 아폴론과 인간 코로니스(Koronis) 사이에서 난 신적(神的)인 의사요 나중에는 의신(醫神), 치유의 신으로 숭배되었다. 펠로폰네소스 반도의 에피다우로스(Epidauros)가 숭배의 중심지로서 이곳에 의술 학교와 아스클레피오스 신전이 있었다. 당시의 환자들은 아스클레피오스 신전을 찾아가 목욕재계하고, 제물을 바친 다음에 신전 안 지성소(至聖所, adyton)에 있는 침소(寢所, enkoimeterin)에서 아스클레피오스 신과의 교감 속에서 수면을 취한다. 이튿날 아침 환자는 자신의 병이 나은 것을 알게 된다. 소크라테스 역시 생애 마지막 날 감옥에서 목욕을 하고 막 독미나리를 갈아 만든 독약을 마시고 서서히 죽음이라는 깊은 잠에 빠져들면서 당시의 관행대로 아스클레피오스에게 닭 한 마리를 제물로 바쳐 달라고 당부하는 것이다.

'백조의 노래'는 '백조가 등장하는 꿈'으로 변용되기도 한다. 그런데 백조는 아폴론의 새이다. 그리고 아폴론은 본래의 의신이요 예언의 신이기도 하다. 신플라톤주의 철학자 올림피오도로스(Olympiodoros)가 전하는 바에 따르면 플라톤이 죽기 얼마 전 꿈을 꾸었는데, 그 꿈에서 그는 아폴론의 새인 백조로 변했다. 많은 사람들이 이 백조를 활로 쏘아 떨어뜨리려 무진 애를 썼는데 이 새가 어찌나 빠르게 이 나무에서 저 나무로 옮겨 다니는지 결국 사람들은 이 새를 맞추어 잡는 일을 포기했다고 한다. 소크라테스 학파인 시미아스(Simmias)는 이렇게 풀이했다. 플라톤은 그의 철학을 체계적으로 해석하려는 모든 노력을 무위로 돌리게 할 것이다. 그의 저술은 호메로스의 경우와 마찬가지로 지극히 다면적이어서, 그의 사상을 어느 한 가지로 고정시켜 이해하기란 불가능하다는 것이다.[5]

사람들은 거장이 죽기 직전에 남긴 '백조의 노래'에 큰 관심을 보인다.

마지막 순간에 칸트(Immanuel Kant, 1724-1804)는 "좋다"(Es ist gut), 괴테(J.W. von Goethe, 1749-1832)는 "좀 더 빛을"(Licht, mehr Licht)이라는 말을 남겼다고 한다.

평화의 정원

죽음과 관련된 의식(儀式, ritual)은 그야말로 민족, 지역, 문화권에 따라 다양한 모습을 보인다. 우리의 경우에는 급속도의 서구화를 겪고 나서 전통 의식과 서구적 의식이 뒤섞여 있는 상태에 있는 것으로 보인다. 한 인간이 태어나서 죽기까지의 의례를 가리키는 '관혼상제'(冠婚喪祭)라는 말을 뜯어보면 크게 두 부류의 의식, '삶과 관련된 의식'[冠婚]과 '죽음을 기리는 의식'[喪祭]으로 구별된다는 것을 짐작할 수 있다. 그러니까 의식의 절반은 죽음과 관련된 의식이다. 상여 나가는 모습 등은 앞으로 보기 어려울 것이다. 우리의 상례(喪禮)나 제례(祭禮)는 갈수록 서구화될 것으로 예상된다.

기독교 문화가 주를 이루는 서양의 죽음 의식(儀式)은 줄곧 비장하고 엄숙하다. 죽음을 껴안고 전율(戰慄)하는 문화라고 할 수 있겠다. 이에 반해 우리 전통에서는 슬퍼하다가도 고인이 편안하게 길을 떠나도록 와자지껄 떠들고 놀기도 한다. 상여 나가는 소리에서도 죽음을 마치 이웃 마을 마실가듯 표현한다. 상갓집에서 고스톱 치는 것을 서양 사람들이 이해하기 쉽지 않을 것이다. 서양의 죽음 의식에 비해 한결 여유가 있다. 유럽의 11월은 온통 '죽음의 계절', '죽음을 기억하는 계절'이다. 기독교, 특히 가톨릭의 전통에서 11월은 죽음을 기억하는 달, 위령성월(慰靈聖月)이다. 위령성월의 전통은 998년 무렵 베네딕투스 수도회 소속 '클뤼니 수도원'의 오딜로(Odilo) 원장이 11월 2일을 '위령의 날'로 정해 연옥 영혼을 위해 미사를 봉헌하도록 한 것에서 시작되었다고 한다. 실베스테르(Sylvester) 2세 교황이 이를 승인하고 위령의 날을 지키도록 권장하기에 이르렀고, 점차 유럽 전역으로 퍼져 나가 교회 전례력에 포함되었다. 11월 1일은 '모든 성인의 날'(萬聖節)이요, 11월 2일은 '죽은 모든 이의 날', '위령의 날'이다. 독일의 경우 가톨릭이 우세한 지역에서는 중·하순에 '참회와 기도의 날'(Buβ- und Bettag)이 있어 11월의 비장함을 더 한다. 11월 내내 거리에서는 검은 옷을 입은 사람들이 묘지를 꾸밀 꽃을 들고 바쁘게 발걸음을 옮기는 것을 볼 수 있다. 온통 죽음으로 점철된 계절을 보내는 것이다.

사람은 죽어서 땅에 묻힌다. 예외는 있다. 새의 먹이가 되는 수도 있고, 그저 바람에 맡겨지기도 하고, 까마득히 높은 허공에 매달리는 수도 있기는 하다. 우리나라 남해안 섬들에는 초분(草墳)이라는 독특한 장법도 있다. 그렇지만 대부분의 경우 흙에서 왔다고 여겨지는 존재인 인간은 땅에 묻혀 다시 흙으로 돌아간다. 죽은 이들이 모여 있는 공동묘지를 독일어로는 프리트호프(Friedhof)라고 부른다. '평화의 정원'이라는 뜻이다. 눈여겨 볼 만한 조어 방식이다. 죽음이 나를 삶의 질곡에서 해방시켜 주지 않는 한 내 영혼의 평화는 없다. 늘 끓어넘치고 어쩔 줄을 모른다. 죽어서야 비로소 나에게 평화가 깃든다. 공동묘지는 죽어서 누운 이들이 평화를 누리는 곳이요, 찾아오는 산 이들에게 평화를 내주는 곳이다. 서양 사람들은 특별한 경우가 아닌 한 죽은 이를 산 사람들 가까이 두는 것으로 보인다. 묘지를 마을에서 떨어진 곳에 썼던 우리와는 다른 점이다. 그래서 유럽에서는 마을이나 도시 안에 공동묘지가 있다. 죽은 이가 평화로이 쉬는 유럽의 공동묘지는 예외 없이 아름답게 가꾸어져 있어서 마치 공원과도 같이 많은 산 이가 방문하고 산책한다.

독일의 뮌헨에서 공부하던 젊은 시절에 늘 타고 다니던 지하철 노선에는 '북 공동묘지'(Nordfriedhof) 역이 있다. 부부가 함께 공부하느라 어려서부터 아이를 맡겨야 했는데, 유아원(Kinderkrippe)에서 아이를 찾아 대학교까지 가는 길도 '중앙 공동묘지'(Zentralfriedhof) 담벼락을 따라 한참을 가야 했다. 시내 한복판에 공동묘지가 있다는 점이 우리와 달라 보였다. 오래된 도시의 교회나 성당 지하는 공동묘지의 역할을 한다. 물론 여기에는 그 지역의 종교적, 정치적 유력 인물이 잠들어 있다. 시내에서 조금만 벗어나도 대부분의 교회나 성당에는 묘지가 딸려 있다. 듣기로는 거의 가족묘라고 한다. 지상에는 우리의 경우보다 훨씬 작고 야트막한 봉분 한 기(基)가 꾸며져 있지만 실은 지하에는 층층이 여러 기가 모셔져 있다고 한다. 뮌헨 근교 가르힝 (Garching bei München)이라는 곳에서 살았는데, 집에서 가장 가까운 노선버스 정거장 건너편이 또 공동묘지이다. 이래저래 늘 공동묘지와 인연 맺으며 산 셈이다.

2008년 여름 재직 중인 대학에서 연구년을 얻어 다시 독일로 향했다. 15년 만의 독일 방문이었다. 뮌헨이 속한 바이에른 주와 경계를 맞대고 있는 독일 서남부 바덴-뷔르템베르크 주 튀빙엔(Tübingen)에서 일 년 동안 머물렀다. 튀빙엔은 인구 8만 5천의 작은 도시지만 600년 역사의 대학이 있는 곳이다. 도로 표지판에 '대학 도시 튀빙엔'(Universitätsstadt Tübingen)이라고 표기하는 자부심의 도시이다. 이 도시는 모든 것이 대학을 중심으로 돌아간다. 지역 신문은 매 학기 새로 임용된 교수들을 자세히도 소개하고, 매년 하루 동안은 어린이에게 대학을 개방하여 대학이 유치원이나 초등학교처럼 되기도 한다. 밤 열두 시 대학 도서관이 문을 닫아 학생들이 가방을 챙겨 나오면 그 시간에 꼭 맞추어 도서관 앞 버스 정류장에서 마지막 버스가 떠난다는 도시이다. 버스 시간표조차 대학에 맞춰져 있는 것이다. '대학 도시'라는 표기가 괜한 것이 아니었다. 이 대학 도시가 수많은 인물을 배출했지만 그 가운데에서도 단연 독일 지성사의 큰 별 셋을 꼽아야 할 것이다. 헤겔(G.W.F. Hegel, 1770-1831), 셸링(F.W.J Schelling, 1775-1854), 횔덜린(J.C.F. Hölderlin, 1770-1843)은 같은 시기에 같은 학교 같은 기숙사에서 지냈다. 이 신학교는 여전히 넥카(Neckar) 강변 예전 그 자리에 그 모습 그대로 있고, 심지어는 마당의 우물조차 그대로이다. 튀빙엔은 이 세 인물 중에서도 단연 횔덜린의 도시라고 할 만하다. 그의 이름을 딴 횔덜린 거리(Hölderlin-Straβe)도 있고, 도시 복판 공원에는 횔덜린 기념비(Hölderlin-Denkmal)가 서 있으며, 넥카 강변의 횔덜린 탑(Hölderlin-Turm)은 이 도시의 상징물이 되었다. 횔덜린은 정신적 미망(迷妄) 상태에 빠져 이 탑 모양의 노란색 건물에서 말년의 곤고한 삶을 보냈다. 지금은 횔덜린 박물관이 된 이 건물을 나는 2009년 1월 1일 방문하여 둘러보고 방명록에 이름을 남겼다. 튀빙엔의 두 공동묘지는 모두 깊은 인상을 준다. 그 하나는 시내 복판의 시립 묘지(Stadtfriedhof)이다. 대학에서도 멀지 않은 이 시립 묘지에는 튀빙엔 역사의 주요 인물이 잠들어 있다. 유독 방문객들의 발걸음을 잡아끄는 것은 단연 횔덜린의 무덤이다. 사실 겉모습은 다른 무덤과 별로 다르지 않은 소박한 무덤이지만 누군가 가져다 놓은 꽃이 끊이지 않는다. 내가 튀빙엔에 머무는 동안 어느 갤러리에서는 '횔덜린 사진 전시회'가 열렸다. 정확하게는 횔덜린이 누워 있는 시립 묘지 무덤 사진전이다. 횔덜린 무덤 한 가지만을 피사체로 삼아 여러 각도에서, 4계절에 걸쳐 찍은 사진 작품, 그러니까 눈이 펑펑 쏟아지는 날의 무덤, 막 나뭇잎이 돋아나는 시절의 무덤, 잔설에 덮인 무덤의 사진을 전시하고 많은 시민들이 관람하는 것을 상상해 보라! '횔덜린 열풍'이라고 밖에는 달리 표현할 수 없을 것이다. 나도 여러 차례 횔덜린 무덤을 찾아 그와 대화를 나누었다. 튀빙엔에 또 하나의 인상적인 공동묘지가 있다. 분지(盆地)인 튀빙엔에는 저지대에 도심이 형성되고 사방이 언덕이나 산으로 둘러싸여 있다. 도심 끝자락의 제법 높은 언덕 꼭대기에 '산정 묘지'(山頂墓地, Bergfriedhof)가 있다. 자동차로 올라가도 한참을 가야 묘지가 나오는데 여기에 서면 튀빙엔이 한눈에 내려다보인다. 산꼭대기에 묘지를 쓴 것은 죽은 이를 하늘 가까이 모시려는 뜻일까? 이 묘지에 오르면 그 누구라도 죽음을 깊이 성찰하지 않을 수 없겠다는 생각이 들었다. 튀빙엔대학교 신학부 교수 칼-요셉 쿠셸(Karl-Josef Kuschel)은 빌프리트 제츨러(Wilfried Setzler) 및 틸만 뢰쉬(Tilman Rösch)와의 공저에서 튀빙엔 공동묘지에 누워 있는 위대한 정신들과 대화를 시도한다.[6] 이런 점에서 보자면 공동묘지는 죽어 있는 땅이 아니다. 죽은 이와 산 이의 정신적 대화가 이뤄지는 곳이다. 튀빙엔 체류 기간 중 마침 영국의 대학 도시 케임브리지에 아는 이가 있어 방문했다. 그때 안내를 맡은 이가 케임브리지 교외에 있는 철학자 무어(G.E. Moore)와 비트겐슈타인(L. Wittgenstein)의 무덤으로 데려다 주었다. 규모로 보아서 공동묘지라고 하기 보다는 가족 단위 묘지로 보아야 할 것 같았다. 그런데 철학사의 큰 별의 무덤치고는 관리가 소홀하여 몹시 안쓰러워한 기억을 갖고 있다.

시인 조정권은 이런 사상과 정신의 도시 튀빙엔에 매료되었다. 1994년 연작시 〈튀빙겐 가는 길〉[7]로 제39회 현대문학상을 수상했다. 또 1991년에 나온 시집이 『산정묘지』이다. 시인이 이 '산정묘지'가 튀빙엔에 있는 산정묘지라고 말한 바 없지만 내 보기엔 꼭 그럴 것만 같다. 다소 길지만 연작시 〈튀빙겐 가는 길〉 전체를 싣는다. 시인은 겨울의 튀빙엔, 횔덜린, 죽음을 비벼놓았다.

〈튀빙겐 가는 길〉

길 편지

겨울 序奏를 알리는
눈송이의 춤

나는 평생을 갇혀 있을 것이다
岩壁도 面壁도 없는 길에

하얀 다리
대지가 얼고 강이 얼고 마을이 얼고

하느님이 하얀 색칠을 해 놓으셨다

창문을 열면

가이없는 높이 위에서 흰 봉우리가
넋을 빼앗는다

오, 밤사이 하느님이
하얀 다리를 새로 놓으셨다

나는 걸어 들어간다
하얀 다리 위를

현실보다 현실다운 저 다리를

*

마을의 속살이 하얗다

(어느 해 겨울 한밤 慈明과 直指寺 지날 때 到彼岸橋

그냥 넘기 죄송해 나 혼자 여관방으로 내려가 얼음물로

턱수염 밀어 버리고 이튿날 아침 지나갔지)

나는 길에게 패스포트를 보이고

통과한다

뒤에서 길이 껄껄 웃는다

'나는 가치없는 영혼만 통과시키지'

(空山의 솔방울은

산 전체를 울리지)

*

魔王은 나를 불러 세워 놓고 주머니를 뒤진다

하얀 가루는 없는가

(그대, 虛寂의 세계를 아는가?)

밤 한시의 횔덜린하우스

하얀 시트 위에 백랍같이 탈색된 장미가 앓고 있다

천장 위에 매단 링거 병에서 밤의 붉은 혈액이 조금씩 줄고 있다

수술용 가위가 장미 줄기를 잘랐다가 급히 봉합을 서둘고 있다
창밖에서 말대가리가 물끄러미 안을 들여다보고 있다

하얀 방 한가운데 나무 의자가 밤샘을 하고 있다

화병 속에서 노오란 꽃봉오리가 혼자 밤샘하고 있다

밤의 흰 붕대가 금시 붉어졌다 창까지 붉어졌다

소리 내지 마라

神이 버린
불덩어리 아들 미쳐 燃燒하느니

봉합된 땅, 대지, 강을 거닐며

잿구덩이를 들치며 너를 찾는다
너는 거기에 없다

눈구덩이를 파헤치며 너를 찾는다

파아랗게 퍼진 싹들, 거기에도 너는 없다

돌구덩이를 들치면서 너를 찾는다
악문 뿌리들, 너는 거기에도 없다

얼음 구덩이 얼음짱을 깨뜨리며 너를 찾는다
오, 얼음 속 거기

활활 갇힌 불덩어리
너는 거기에 있다

저녁 숲

내 마음 뒤에서 저녁 숲이 노래하기 시작한다.

나는 예감한다. 이제 얼마 있으면 집집마다 겸허하게
내건 등불들이 밤을 지배하는 계절이 다가옴을.
나는 걷는다. 마음의 조그마한 등잔을 받쳐 들고.
어둠을 지배하는 어둠이 있는 전나무숲 속에는
살아 있는 가지를 해치지 않으려고 조심스레 피해 가던
聖子들의 샛길이 있다.
빈궁 속에서 소박함의 본질을 수행하며
靈으로서 靈을 느끼는 이들.
마음과 몸과 입술과 온 생명으로 침묵을 노래하는 이들.
궁핍한 시간 속에서 눈부신 화환을 엮어

누군가의 어깨에 얹어 주듯

환한 햇빛의 시간 속을 왕래하는

축복자들, 시인들.

성탑 앞에 이제 멈추어 선 자여.

녹슨 철문은 굳게 닫혀 있고

너는 낯익은 문가에서

맨발로

땅에 입 맞추며 언 별을 올려다본다.

너의 눈길은 좀 더 추운 날들을 향하고

바람에 해진 옷자락 펄럭이며 너를 지나쳐 간다.

네가 건너간 다리는 벌써 어둠에 잠겨 버린다.

내 마음 뒤에서 뒤늦게 딸랑별이 노래하기 시작한다.

내 몸의 천국

당신이 독일 여행 중 슈투트가르트 지방을 지나게 된다면 튀빙겐 마을에 들러 외짝눈 당나귀를 만나보라.

그 당나귀는 사람의 얼굴과 닮아 있어 곧 눈에 띌 것이다.

당나귀 주인은 관광객들을 향해 늘 꼭같이 외친다.

'자, 이 당나귀는 울 안에서 열흘 동안 갇혀 살며 줄곧 굶는 묘기를 보여 왔습니다.

보십시오, 이 비루먹고 뼈만 남은 짐승을.

제가 이 가련한 나귀에게 시험 삼아

호밀을 조금만 먹여 보겠습니다.

만일 이 짐승이 호밀에 입을 댄다면

두 배의 돈을 돌려 드리겠습니다.'

'자 여러분, 돈을 거십시오. 이 당나귀는 일주일까지는 굶고도 견딘 적이

있습니다만 이제는 더 견딜 수 있을지 모르겠습니다.'

관광객들이 돈을 걸지만

당나귀는 먹지 않는다.

맛있는 홍당무를 누군가가 코앞에 바치지만

머리를 돌려 버린다.

당나귀는 먹는다는 것에 깊은 수치심을 갖고 있다.

만약 당신이 독일 여행 중이라면 굶어 죽는

당나귀를 찾아보라.

그 당나귀는 네카강이 흐르는 튀빙겐 마을

횔덜린이 미쳐서 살던

뾰족집 뒤 거대한 전나무 그늘 밑에서 웅크리고 있다.

당신은 한눈에 당나귀를 찾아낼 수 있다.

그러나 그 눈의 불꽃을 보는 순간 당나귀가 먼저 당신을 찾아냈음을 알게

될 거다.

그는 눈을 감는다.

고개를 돌린다.

그는 몸 안의 굶주림을 키워 수치심을 막는다.

그를 먹여 살리는 것은 노여움.

그가 입을 벌려 먹으려 할 때 공중에서 낚아 채버리는 이 현실.

호밀을 흔들어 대는 이 현실.

살 마음만 먹는다면 언제나

호밀을 눈앞에서 밟아 버리고 조롱하는 이 현실이

나에게는 또 하나의 악몽 같다.

내 몸의 지옥

검은 교각 밑으로 불행한 몸뚱어리가 뛰어내린다.

異國에서 맞는 첫추위처럼 네 시의 첫 구절을 시작하라.

지상에서 열매 머무는 날 길지 않으니

지상의 마지막 노래

입가에 머금어라.

살아 있다는 사실이 너에게 일생 술을 권하리라

너의 손목에 일생 진눈깨비를 뿌리리라.

입가에 미소를 지우리라.

너는 이 지상의 마른 꽃다발 하나 들고

오래오래 서 있으리라.

받을 사람들은 벌써 지나갔으며

네가 보낸 무수한 불면의 어둠이 쇠창살 같은

검은 숲을 이루어 밤을 덮칠 때

너는 진정 마지막 노래 준비했는가.

너의 날개는 헌 헝겊 같은 것.

그 헝겊 날개를 양 어깨에 달고

먼 동양에서

날아온 너는 12월의 밤을 잠 못 이루다 문득

호텔 문을 밀치고 나와

네카 강변을 거닐며

시시한 맥주보다

소주를 그리워하며

두 명의 횔덜린을 생각한다.

한 사람은 살아생전 죽도록 불행했던 무명의 횔덜린이고

또 한 사람의 횔덜린은

만인의 사랑을 받게 된 사후의 횔덜린.

너는 진정 어느 횔덜린이 되기를 원했느냐

머리를 돌바닥에 짓찧는다.

그 둘보다 잘 먹고 오래오래 살고 있는 너는

무엇인가 잃긴 잃었다.

돌아가거라.

이제부터 진정 너는 내 삶의 첫추위처럼 시의 첫 구절을 기록할 수 있겠는

가.

부리 위로 퍼붓는 진눈깨비 언어로.

뻘밭에서

친구들

전화번호 오래 전에 지웠다.

깊은 뻘밭 밑바닥으로

들어앉은 붕어가 되었다.

진흙처럼 퍼져 있는 이 마음에

무슨 길 있겠느냐.

肉庫間 같은 이 머리통
뻘밭 속으로 처넣었다.
좀 더 시커멓게
뻘밭 속으로 퍼져 있겠다.
몸에 무슨 길이 있겠느냐.
머릿속에 뻘흙 가득 처넣고
나는 나를 잠갔다.
친구들
나는 내 속에서
發光할 시간이 필요하다.

흙을 위한 칸타타

내 육신을 封印하시는 이여.
내 몸을 긍휼히 여겨
서늘한 가랑잎으로
썩혀 주시옵고
가엾이 여겨
먼 들 딸랑 종소리와 함께
뿌려 주옵소서.
세상을 긍휼히 여기신 이
종말은 뜻대로 하소서.
아침에 맺은 이슬
햇빛 속 다시 돌려 드리오니
돌아가는 이 길

먼저 가옵신 그분 가시밭길 비하면

아무 뜻 없사오이다.

지상에 맺힌 이 몸

뜻대로 맡기오이다.

이 눈물 거두어 가옵소서.

이 육신 풀잎 위에서조차

너무 무거웠던 이슬,

그분의 눈물 한 방울 받치지 못했나이다.

이 육신 땅 위에서는 너무나 무거운 사슬,

그분의 탄식만 들었습니다.

내 눈을 封印하시는 이여.

서늘한 가랑잎으로 입술 대주시는 이여.

내 눈물 사하여 주시옵고

내 죄를 거두어 주옵소서.

　　음악 애호가들에게 오스트리아 빈(Wien) 중앙 공동묘지(Zentralfriedhof)는 반드시 들러야 할 곳으로 꼽힌다. 영화 〈제3의 사나이〉의 첫 장면과 마지막 장면이 바로 이 공동묘지에서 촬영되었다. 도시 중심지로부터 다소 떨어져 있는 이 묘지에는 240만 평방미터 면적에 약 35만 기(基)의 무덤이 있다고 한다. 규모로는 무려 140만 기의 무덤이 있는 독일 함부르크(Hamburg)의 올스도르프(Olsdorf) 공동묘지에 이어 유럽에서 두 번째로 큰 공동묘지로 알려져 있다. 1874년 경부터 다섯 묘지의 무덤을 옮겨와 조성했다. 이 공동묘지는 그 자체로 거대한 숲이요 공원이고, 빈 시민이 사랑하는 산책로요 휴식

공간이다. 전체가 울창한 녹지여서 여러 종류의 동물이 살고 있는 것으로 도 유명하다. 자연 다큐멘터리 필름을 찍을 정도로 잘 보존된 동식물의 보고이다. 지금도 하루 수십 건 매장이 이루어진다. 분묘 대부분이 3미터 깊이까지 파고 내려가는 가족묘여서 120만 기까지 수용할 수 있다고 한다. 일반 시민의 경우에는 종교에 따라 구역이 나뉘어 있고, 성직자 · 과학자 · 예술가 등의 경우에는 따로 별도의 구역이 마련되어 있다. 역대 대통령들이나 유명 영화배우들을 제치고 많은 이들이 마치 성지순례를 하듯 찾아가는 곳은 두 번째 입구로부터 약 200미터 떨어진 32A 구역이다. 여기가 저 유명한 음악가 구역이다. 서양 음악사의 기라성 같은 작곡가들이 한데 모여 묻혀 있다. 베토벤(Ludwig van Beethoven, 1770-1827)을 필두로, 그의 곁에 묻히고 싶어 했던 슈베르트(Franz Schubert, 1797-1828), 브람스(Johannes Brahms, 1833-1897), 요한 슈트라우스 1세(Johann Strauβ I, 1804-1849)와 2세(1825-1899) 부자 등이 1881년 다른 여러 묘지로부터 이곳으로 이장되었다고 한다. 32A 구역 중앙 광장에는 모차르트(W.A. Mozart, 1756-1791) 기념비가 서 있다. 모차르트의 경우에는 여기에 기념비만 있고 정작 무덤은 이 중앙 공동묘지와 구시가 사이에 위치한 마르크스 공동묘지(Sankt Marxer Friedhof)에 있다. 빈 중앙 공동묘지의 음악가 구역을 둘러보면 서양 음악사의 주역을 한꺼번에 거의 다 만날 수 있다.

프랑스 파리의 페르 라셰즈 공동묘지(Cimetière du Pére-Lachaise)는 아마도 가장 많은 방문객과 관광객이 찾는 묘지일 것이다. 파리 20구에 위치한 이 묘지는 많은 유명 인물이 묻힌 것으로 잘 알려져 있다. 1804년 나폴레옹이 조성한 이 묘지는 루이 14세의 고해 신부이자 파리 대주교였던 페르 프랑수와 드 라 셰즈(Père François de la Chaise, 1624-1709)의 이름을 땄다고 한다. 파리 시민들의 건강상 이유로 '죄 없는 사람들의 묘지'(Cimetière des Innocents)가 폐쇄된 이래 1786년부터 파리 시내에는 공동묘지 건설이 전면 금지되었다. 이렇게 되자 파리 외곽에 새로운 공동묘지들이 생겨나게 되었는데 페르 라셰즈도 그 가운데 하나이다. 처음 문을 열었을 때에는 당시로서는 파리 중심부로부터 너무 많이 떨어져 있어 그리 환영받지 못했다고 한다. 이 문제를 해결하기 위해 당국은 유명 인사를 이용하기로 한다. 1804년 시민들이 사랑하는 우화 작가 라퐁텐(Jean de La Fontaine, 1621-1695)과 유명 극작가 몰리에르(Molière, 1622-1673)의 무덤이 페르 라셰즈 공동묘지로 이장되었고, 묘지 관계자들은 이를 적극적으로 홍보했다고 한다.

1817년에는 페르 라셰즈 공동묘지의 위상을 바꿔 놓은 일이 일어난다. 중세 최대의 연애 사건으로 유명한 아벨라르(Pierre Abélard, 1079-1142)와 엘로이즈(Heloise, 1101-1164)의 무덤과 기념비가 옮겨 온 것이다. 아벨라르는 신학자이자 철학자로 '보편 논쟁' 가운데 '개념론'(conceptualism)을 대표하는 뛰어난 학자였다. 그는 파리대학에서 교수를 지내고 노트르담 성당 참사회원이었는데 동료 참사회원인 풀베르의 소개로 나이 서른 아홉에 풀베르의 조카 엘로이즈의 가정교사로 들어가게 된다. 엘로이즈는 희랍어와 라틴어에 능통하고 철학과 문학에도 뛰어난 열일곱 살 여성이었다. 독신이어야 하는 참사회의 규율도 버리고 아벨라르는 엘로이즈에 빠져들었고, 두 사람은 22년이란 나이 차이에도 불구하고 걷잡을 수 없는 사랑의 열정에 휘말렸다. 이 사실을 알게 된 풀베르가 두 사람을 갈라놓으려 했을 때 엘로이즈는 이미 임신 중이었다. 엘로이즈는 아들을 낳고 비밀리에 결혼식을 올린 두 사람은 아벨라르의 장래를 위해 한집에서 살지 못하고 남의 눈을 피해 몰래 만나곤 했다. 아벨라르의 권유로 엘로이즈가 수녀원에 들어갔다는 사실을 알게 된 풀베르는 불같이 분노해 사람을 시켜 잠든 아벨라르의 성기를 잘라 버리게 한다. 나이 마흔에 거세당하는 불행을 겪고 아벨라르 역시 수도원에 들어간다. 이후 두 사람은 서로 만나지 못한 채 편지로 영적인 사랑을 나누었다. 1142년 아벨라르가 사망하자 엘로이즈는 시신을 거두어 매장하고 22년 간 그의 무덤을 지키다 세상을 떴다. 두 사람의 이야기는 유럽 전역으로 퍼져 나갔고,『신 엘로이즈』를 쓴 사상가 장 자크 루소(Jean Jacqes Rousseau, 1712-1778)를 비롯해 수많은 문인과 작가들이 두 연인의 사랑을 소설과 노래로 기렸다. 이루어질 수 없는 사랑의 대명사가 된 두 사람의 사랑은 주고받은 12통 왕복 서간에 잘 드러나 있다. 따로 묻혀 있던 두 사람이 세월이 한참 흘러 프랑스 대혁명 이후 전개된 정치적 · 사회적 흐름 속에서 뜻밖에 자유 연애의 상징으로 떠받들어지게 되었다. 애절한 두 사람의 사랑이 긴 시간이 흐른 뒤 프랑스대혁명 덕분에 복권된 셈이다. 그러나 실제로 아벨라르와 엘로이즈의 유해가 페르 라셰즈로 이장되었는지는 의문의 여지가 많다. 일부 학자들은 기념비만 옮겨왔다고 주장하기도 한다. 어쨌든 이후 이 두 연인은 대단한 영향력을 발휘한다. 이 연애 사건에 호기심을 가진 이들의 방문이 이어졌고, 아벨라르와 엘로이즈 무덤 앞에 소원을 빌면 진실한 사랑을 찾을 수 있다는 소문이 돌기 시작했다.

유명 인사들 사이에 묻히고 싶어 하는 많은 이들이 이 공동묘지를 사후 안식처로 선택했다. 오늘날 이 아름다운 정원식 묘지에는 30만 구가 넘는 시신이 안치되어 있다. 무덤을 둘러싼 개성적이고 섬세한 조각들과 잘 가꿔진 정원은 방문객에게 깊은 인상을 준다. 묘지 한편에 위치한 '파리 코뮌의 벽'은 프랑스 좌파의 상징으로 여겨지는 유적이기도 하다. 이 공동묘지에는 비단 프랑스 사람뿐만 아니라 파리에서 살았거나 프랑스와 인연이 있는 여러 나라 인물들도 다수 묻혀 있다. 작가 오노레 드 발자크(Honoré de Balzac, 1799-1850), 마르셀 프루스트(Marcel Proust, 1871-1922), 기욤 아폴리네르(Guillaume Apollinaire, 1880-1918), 알퐁스 도데(Alphonse Daudet, 1840-1897), 시인 알프레드 드 뮈세(Alfred de Musset, 1810-1857), 영화배우 이브 몽땅(Yves Montand, 1921-1991), 가수

에디트 피아프(Edith Piaf, 1915-1963), 작곡가 벨리니(Vincenzo Bellini, 1801-1835), 로시니(Gioacchino Rossini, 1792-1868), 비제(Georges Bizet, 1838-1875), 화가 앵그르(Jean-Auguste Dominique Ingres, 1780-1867), 도미에(Honoré Daumier, 1808-1879), 카미유 코로(Camille Corot, 1796-1875), 의젠 들라크루와(Eugene Delacroix, 1798-1863), 테오도르 제리코(Théodore Géricault, 1791-1824), 마리 로랑생(Marie Laurencin, 1883-1956), 이집트 상형문자를 해독한 샹폴리옹(Jean-François Champollin, 1790-1832), 사회학자 오귀스트 콩트(Auguste Comte, 1798-1857), 경제학자 생 시몽(Saint-Simon, 1760-1825), 폴란드 작곡가 프레데릭 쇼팽(Frédéric Chopin, 1810-1849), 아일랜드 출신 극작가 오스카 와일드(Oscar Wilde, 1854-1900), 이탈리아 화가 모딜리아니(Amedeo Modigliani, 1884-1920), 무용가 이사도라 던컨(Isadora Duncan, 1878-1927), 그리스 오페라 가수 마리아 칼라스(Maria Callas, 1923-1977), 미국 60년대 록 그룹 도어스(The Doors)의 리드 보컬이자 시인인 짐 모리슨(Jim Morrison, 1943-1971) 등이 이 공동묘지에 잠들어 있다. 특히 오스카 와일드는 아벨라르와 엘로이즈 커플에 이어 또 하나의 사랑의 전령사로 추앙받게 되었다. 자신의 조국에서 추방되다시피 해서 파리에서 지독히도 곤궁하게 살다 생을 마감한 오스카 와일드의 무덤 앞 기념비에는 방문객이 남겨 놓은 입술 자국이 가득하다.

영국 런던 북부에는 가장 영국적이라고 평가되는 공동묘지가 있다. 바로 하이게이트 공동묘지(Highgate Cemetery)이다. 흔히 파리에 페르 라셰즈가 있다면 런던에는 하이게이트가 있다고 말한다. 많은 유명 인사가 묻혀 있지만 특히 세계 여러 나라의 공산주의 혁명가들이 많이 묻혀 있는 것으로 알려져 있다. 하이게이트 공동묘지에서 가장 많은 이가 찾는 무덤은 단연 칼 마르크스(Karl Marx, 1818-1883)이다. 그의 묘비에는 그의 생애와 사상을 잘 드러내는 두 가지 표현이 새겨져 있다. 묘비 윗부분에는 〈공산당 선언〉의 마지막 문장 "만국의 노동자여, 단결하라"(Workers of all lands, unite!)가, 아랫부분에는 '포

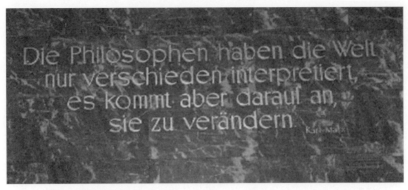

Die Philosophen haben die Welt
nur verschieden interpretiert,
es kommt aber darauf an,
sie zu verändern.
Karl Marx

─────── 베를린 훔볼트대학교 본관 중앙홀
저자 사진 촬영, 2008년

이에르바하에 관한 테제 XI'이 새겨져 있다. "지금까지 철학자들은 다양한 방식으로 이 세계를 해석해 왔다. 그러나 중요한 것은 세계를 변혁하는 것이다(The philosophers have only interpreted the world in various ways. The point however is to change it.)". 원래의 베를린대학인 지금의 홈볼트대학 본관 홀 이층으로 올라가는 계단 위에는 이 표현의 독일어 버전이 큼지막하게 쓰여 있다.

체코의 프라하에도 인상적인 공동묘지가 있다. 이 묘지는 유네스코 인류문화유산으로 지정된 비세흐라드(Vyšehrad)에 있다. 비세흐라드는 블타바 강변 우뚝 솟은 바위 언덕에 조성된 성채로서 프라하의 발상지이다. 깎아지르는 절벽 아래로 유유히 흐르는 블타바 강이 내려다보이고, 멀리 프라하 성과 비투스 성당, 카를교가 바라보여 프라하 전체를 조망할 수 있는 명소이다. 성곽 안은 꽤 넓어서 성당, 정원, 묘지가 갖춰진 하나의 작은 마을과 같다. 비세흐라드를 방문해야 할 가장 큰 이유는 의심의 여지없이 가족묘 형태로 꾸며진 공동묘지이다. 비세흐라드 묘지에는 체코 역사상 사람들의 존경을 받았던 인물들이 모여 있다. 문학의 카렐 차페크(Karel Čapek, 1890-1938), 아르누보의 대가요 비투스 성당의 인상적인 스테인드 글라스로 유명한 알폰스 무하(Alphonse Mucha, 1860-1939), 선후배 사이로 체코 음악을 대표하는 베드르지흐 스메타나(Bedřich Smetana, 1824-1884))와 안토닌 드보르자크(Antonin Dvořák, 1841-1904) 등의 이름만으로도 관심을 모을 만하다. 비세흐라드 공동묘지를 방문하는 것만으로 체코 근·현대사의 주요 인물을 거의 다 만나는 셈이 된다. 가장 많은 방문객을 맞는 것은 단연 스메타나와 드보르자크의 무덤이다. 스메타나의 교향시 〈나의 조국〉은 모두 6곡으로 구성되어 있는데, 그 첫 번째 곡의 제목이 '비세흐라드'이고, 가장 자주 연주되는 두 번째 곡이 바로 '블타바', 독일어로 몰다우(Moldau)이다. 드보르자크의 무덤 앞에서 사람들은 〈신세계 교향곡〉 가운데 익숙한 선율을 흥얼거려 본다.

고대 그리스의 도시 할리카르나소스(Halikarnassos)[8]는 그리스 민족이 소아시아에 건설한 식민 도시의 하나로 밀레토스(Miletos), 에페소스(Ephesos) 등과 함께 만개한 문화적 삶을 보여준다. 서양 역사학의 아버지 헤로도토스(Herodotos)는 바로 여기에서 태어났다. 할리카르나소스에는 유례를 찾아볼수 없는 위대한 예술적 무덤이 있다. 이 무덤은 기원전 351년에 건설된 것으로서 마우솔로스(Mausolos) 왕이 묻혀 있다. 이 무덤은 묻힌 이의 이름을 따서 마우솔레움(Mausoleum)이라고 불린다. 원래 마우솔레움은 고유명사로서 마우솔로스의 무덤을 가리키던 단어인데 오늘날에는 일반명사가 되어 건물 형태를 띤 거대 분묘를 뜻한다. 이처럼 처음에는 고유명사였는데 시간이 지나면서 보통명사가 된 어휘를 에포님(eponym)이라고 하는데, 마우솔레움이 그 예에 속한다. 서양에서는 마우솔레움을 본 뜬 건물 형태의 무덤을 짓게 되는데, '죽은 이의 집'으로 볼 수 있겠다.

그리스의 어느 고속도로 변에 인상적인 무덤이 있다. 한 청년이 고속도로에서 교통사고로 아까운 목숨을 잃었다. 그의 아버지는 아들이 숨을 거둔 장소에서 가까운 고속도로 변에 무덤을 만들고 지나가는 이들이 꼭 들러서 묵상할 마음이 들 만한 각별한 조형물을 세웠다. 아버지가 새긴 글귀가 보는 이의 가슴을 후벼 판다. "천사들은 절대로 죽지 않는다."(Hoi Aggeloi den pethainoun pote) 아버지에게 아들은 영원히 살아 있다.

묘비명

영국 프로그레시브 록 밴드 킹 크림슨(King Crimson)이 부른 〈에피타프(Epitaph)〉라는 노래가 있다. '묘비명'(墓碑銘)이라는 뜻이다. 무덤 앞에 세우는 비석에 새겨진 글귀를 뜻하는 이 단어는 비장함 자체이다. 노래는 오죽하겠는가. 노랫말은 다음과 같다.

〈에피타프(Epitaph)〉

예언자들이 그들의 예언을 새겨 놓았던 벽에
금이 가고 있습니다.
죽음이라는 악기 위에
햇빛은 밝게 빛납니다.
모든 사람이 악몽과 꿈으로 분열될 때
아무도 월계관을 쓰지 못할 겁니다.
침묵이 절규를 삼켜 버리듯.

금이 가고 부서진 길을 내가 기어갈 때
혼란이 나의 묘비명이 될 겁니다.
우리가 모든 것을 할 수 있다면
뒤에 앉아서 웃기나 할 텐데
울어야 할 내일이 두렵습니다.
울어야 할 내일이 두렵습니다.

운명의 철문 사이에
시간의 씨앗은 뿌려졌고
아는 자와 알려진 자들이
물을 주었습니다.

아무도 법을 지키지 않을 때

지식이란 죽음과도 같은 것

내가 볼 때 모든 인간의 운명은

바보들의 손에 쥐어져 있습니다.

이 노래를 처음 듣던 때의 느낌을 잊을 수 없다. 심장을 송곳으로 찌르는 듯한 아픔과 슬픔을 느꼈다. 묵시록적인 가사 가운데에서도 "혼란이 나의 묘비명이 될 겁니다"(Confusion will be my epitaph)라는 부분이 뇌리에 박혔다. 그 뒤로 묘비명 수집가가 되었다. 언젠가 기회가 되면 여러 묘비명을 모아 책으로 묶어도 좋겠다는 생각도 한 적이 있다. 그런데 시간이 흐르면서 알게 된 것은 그런 종류의 책들이 이미 있다는 사실이다.[9] '묘비명을 잃어버렸다' 는 뜻을 지닌 〈실비명(失碑銘)〉이라는 제목의 소설이 있다. 김이석(金利錫)의 작품이다.

30대 초반의 나이에 세상을 뜬 시인 함형수(咸亨洙, 1914-1946)는 몇 편 되지 않는 시를 썼고 그래서 생전에 단 한 권의 시집도 내지 못했다. 시 전문지 『시인부락』 창간호 권두에 실린 그의 대표시는 어딘가 빈센트 반 고흐의 해바라기 그림을 닮았다. 고흐는 압생트를 너무 많이 마셔서 정신이상 증세가 있었다는데, 우리의 시인 함형수 역시 정신착란증에 시달리다 사망했다고 한다. 이 시인은 자신이 죽으면 차가운 비석을 세우지 말고 태양처럼 뜨겁게 타오르는 해바라기를 심어 달라고 한다. 고흐는 '해바라기 그림'을 남겼고, 함형수는 '해바라기 시'를 남겼다.

〈해바라기의 비명(碑銘)〉

- 청년화가 L을 위하여 -

나의 무덤 앞에는 그 차거운 비(碑)ㅅ돌을 세우지 말라.

나의 무덤 주위에는 그 노오란 해바라기를 심어 달라.

그리고 해바라기의 긴 줄거리 사이로 끝없는 보리밭을 보여 달라.

노오란 해바라기는 늘 태양같이 태양같이 하던 화려한 나의 사랑이라고 생각하라.

푸른 보리밭 사이로 하늘을 쏘는 노고지리가 있거든 아직도 날아오르는 나의 꿈이라고 생각하라.

고작 다섯 행의 짧은 시이지만 강렬한 인상을 준다. 모든 행은 명령형으로 되어 있다. '노오란 해바라기', '태양', '푸른 보리밭'이 영락없이 고호를 떠올리게 한다. 게다가 부제마저도 '청년 화가'를 말한다. 중학생 시절 이 시를 처음 접한 이래 제목 〈해바라기의 비명〉과 시인 '함형수'는 평생 잊을 수 없는 이름이 되었다.

사실 우리나라 무덤 앞 묘비명은 너무 형식적이어서 누워 있는 이를 개성적으로 드러낸다고 하기 어렵다. 소수의 경우를 빼고는 천편일률적이다. 서양 공동묘지를 찬찬히 둘러볼 만하다고 말하는 것은 그 아름다움뿐만이 아니라 개성적인 묘비명 때문이기도 하다. 많은 경우 살아서 자신의 무덤 앞에 새겨질 묘비명을 미리 정해 두기도 하고, 대부분 죽은 이를 가장 잘 드러낼 수 있는 표현을 선택한다. 묘비명 처음에 종종 쓰이는 라틴어 글귀가 있다.

힉 야체트(Hic Jacet).

"여기 누워 있다" 혹은 "여기에 잠들다"라는 뜻이다. 공동묘지에서 쉽사리 발견되는 단골 표현도 있다.

호디에 미히 크라스 티비(Hodie mihi, cras tibi).

"오늘은 나의 차례, 내일은 너의 차례"라는 뜻이다. 그러니까 먼저 죽어 무덤에 누운 이가 아직 살아서 그 앞에 선 이에게 건네는 인사말이다. 오늘은 내가 죽어서 이렇게 누워 있지만 내일은 당신이 죽어 오늘의 나처럼 누울 차례라는 것이다. 터키의 파묵칼레(목화의 성) 근처에 고대 그리스 세계의 네크로폴리스(Nekropolis)가 있다. '죽은 자의 도시'라는 거대한 고대 공동묘지이다. 여기에는 지금도 건물 형태의 무덤에 사람이 살면서 무덤을 관리하는 일로 생계를 유지한다고 한다. 공동묘지라면 '납량 특집'이나 영화 〈월하의 공동묘지〉를 떠올리는 우리로서는 상상도 할 수 없는 일이다. 이 네크로폴리스의 무덤 가운데 하나에도 앞의 묘비명과 아주 유사한 내용의 표현이 보인다.

그대 오늘은 내 머리 위에 있으나 내일은 내 옆에 있으리라.

앞의 것이 '오늘과 내일'이라는 시간적 대비로 죽음을 환기시킨다면, 이것은 '위와 옆'이라는 공간적 대비로 그렇게 한다. 그러니까 지금은 살아서 누워있는 나를 '위'에서 내려다보지만, 언젠가는 죽어서 '옆'에 함께 누워있으리라는 것을 죽은 자가 산 자에게 상기시킨다. 이에 못지않게 흔히 눈에 띄는 또 하나의 표현이 있다.

레퀴에스카트 인 파체(Requiescat in pace).

"평화 속에 쉬시오." 이 표현은 너무도 익숙하게 쓰여서 흔히 각 단어의 첫 글자만을 모아서 "R.I.P."라고 줄여서 표기되기도 한다.

영문학자 장왕록 박사의 묘비명은 매우 시적이요 아름답다. 역시 영문학자인 딸이 다듬거나 보태지 않았을까 추정해 본다.

> 사람을 좋아하고 책을 즐기며/
>
> 외길 걸어온 한 인생/
>
> 發憤忘食樂以忘憂(열심히 분발하니 먹는 것도 잊고 근심을 잊으니 즐겁도다)/
>
> FUGIT INREPARABLE TEMPUS(잃어버린 시간은 다시 돌아오지 않는다)/
>
> 어느덧 물 내린 가지 위에도/
>
> 화사한 꽃, 열매 영글다.

죽음에 대한 성찰은 자연스럽게 시간에 대한 성찰로 이어진다. 장왕록 박사 묘비명에 포함되어 있는 라틴어 표현 역시 시간에 대한 성찰을 드러낸다. 시간의 중요한 특징은 비가역적(非可逆的)이라는 점이다. "흘러간 시간은 다시 돌아오지 않는다." 그러기에 "엎질러진 물은 되담을 수 없다." 우리는 일상 대화 가운데 세월의 무상함을 두고 "시간이 쏜살같이 흐른다."고 한다. 활 시위를 떠난 화살은 지체 없이 날아가고, 이 화살이 되돌아오는 일이란 없다. 죽음도 매한가지이다. 살아 있는 것은 죽는다. 사람에게 이 방향의 운동은 비가역적으로 일어난다. 역방향의 운동은 없다. 여기에서 시인 윤동주의 〈서시(序詩)〉를 보자.

〈서시(序詩)〉

죽는 날까지 하늘을 우러러
한 점 부끄럼이 없기를,
잎새에 이는 바람에도
나는 괴로워했다.
별을 노래하는 마음으로
모든 죽어 가는 것을 사랑해야지.
그리고 나한테 주어진 길을
걸어가야겠다.

오늘 밤에도 별이 바람에 스치운다.

시인은 "별을 노래하는 마음으로 모든 죽어 가는 것을 사랑해야지"라고 다짐한다. '모든 죽어가는 것'은 곧 '모든 살아 있는 것'이다. '모든 살아있는 것'이라고 하지 않고 '모든 죽어 가는 것'이라고 표현한 데에 시인다운 면모가 드러난다. '살아 있는 모든 것'은 끊임없이 '죽어 가는 모든 것'으로 되어간다. 이것이 죽음이다. 죽음을 슬퍼하고 아파하는 것은 이런 시간적 비가역성 때문일 것이다. 시간의 비가역성을 더할 나위 없이 잘 보여주는 것이 모래시계이다. 모래시계 윗부분의 모래는 아랫부분으로 빠져나간다. 애초의 모래 양이 우리에게 허용된 시간의 길이이다. 때가 되면 모래는 완전히 아랫 부분으로 이동한다. 죽음이다. 모래가 아래에서 위로 이동하는 일은 일어나지 않는다.

버나드 쇼(George Bernad Shaw, 1856-1950)의 묘비명을 두고는 어떤 번역이 정

확한지를 두고 설전이 벌어지기도 했다. 아일랜드 출신의 극작가, 소설가, 비평가인 그는 1925년 노벨 문학상을 수상했고, 사회주의자로서 온건좌파 단체인 '페이비언 소사이어티'(Fabian Society)를 설립하기도 했다. 그의 생애를 특징짓는 것이 유머, 풍자, 위트라는 점에서 볼 때 그의 묘비명에 깊은 의미를 부여하기보다는 세상 사람에게 진지한 주제를 앞에 두고도 가벼운 웃음을 선사하는 쪽으로 이해하는 것이 좋을 것이다.

　　　우물쭈물하다 내 이럴 줄 알았지

　　　(I knew if I stayed around long enough, something like this would happen).

　　살면서 망설이기도 하고 주저하기도 한다. 이것저것 챙기면서 산다고 했지만 결국 되돌아보건대 정작 중요하고 꼭 했어야 할 일은 하지 못한 채 죽음을 맞기 마련이다.

　　독일의 철학자 칸트(Immanuel Kant, 1724-1804)의 묘비명은 그의 철학 전체를 단적으로 잘 정돈해서 표현하고 있다는 평가를 받는다. 그의 묘비명은 저서 『실천이성비판』 말미에서 따온 것이다.

　　　생각하면 생각할수록 점점 더 커지는
　　　놀라움과 경외심에 휩싸이게 하는 두 가지가 있다.
　　　내 머리 위 별이 총총 빛나는 하늘과
　　　내 마음 속의 도덕률이 바로 그것이다.

　　'머리 위 별이 빛나는 하늘'(der bestirnte Himmel über mir)이 '자연의 문제'를 가리킨다면, '내 마음 속 도덕률'(das moralische Gesetz in mir)은 '자유의 문제'를 가

리킨다. 이 두 문제는 각각 주저인『순수이성비판』과『실천이성비판』에서 깊이 다루어진다. 칸트 철학의 전체 얼개를 보여주는 묘비명이라고 하겠다.

홍미로운 묘비명 가운데 하나로 고대 알렉산드리아의 수학자 디오판토스(Diophanthos)의 것을 들 수 있다. 디오판토스는 대수학의 아버지로 불리는 인물로서 특히 방정식의 다양한 해법을 제시한 것으로 알려져 있다. 그의 묘비명은 하나의 방정식 형태를 띠고 있다.

> 보라! 여기에 디오판토스의 일생의 기록이 있다.
> 그 생애의 1/6은 소년이었고,
> 그 후 1/12이 지나서 수염이 나기 시작했고
> 또 다시 1/7이 지나서 결혼했다.
> 그가 결혼한 지 5년 뒤에 아들이 태어났으나
> 그 아들은 아버지의 반밖에 살지 못했다.
> 그는 아들이 죽은 지 4년 후에 죽었다.

수학자 디오판토스의 묘비명은 그 앞에 선 사람에게 방정식 문제를 내고는 풀게 한다. 이 문제의 답은 84라고 한다.

조셉 콘래드(Joseph Conrad, 1857-1924)는 소설가로서 특히 해양문학의 거장이다. 폴란드에서 태어나 나중에 영국으로 귀화했다. 그는 일찌감치 고향을 떠나 선원으로 세계 곳곳을 떠돌아다니는 유랑 생활을 했다. 인도, 동남아, 아프리카 등 낯선 곳을 여행한 경험은 훗날 작품의 소재가 되었다. 영화 〈지옥의 묵시록〉의 원작 소설『암흑의 핵심』이 그의 대표작이다. 그의 묘비명은 자신에게 인생을 가르쳐 주었고 고향과도 같은 안식을 주었던 바다로 다시 돌아가 자유로움을 느끼고 있다는 느낌을 준다.

수고가 끝난 후의 수면(Sleep after toil)

폭풍우 치는 바다를 항해한 후의 항구(Port after stormy seas)

전쟁이 끝난 후의 안락(Ease after war)

삶 다음의 죽음은 기쁨을 주는 것이다(Death after life does greatly please).

"나는 자유다"

많은 이가 찾아가서 직접 보고 싶어 하는 묘비명이 있다. 현대 그리스를 대표하는 문호 니코스 카잔차키스(Nikos Kazantzakis, 1885-1957)와 그의 작품 『그리스인 조르바』(1946)는 지금도 많은 사람들에게 멘토 구실을 한다. '멘토'라는 개념은 그리스신화에서 트로이전쟁에 나서는 오디세우스가 아들 텔레마코스를 맡긴 멘토르(Mentor)라는 고유명사로부터 일반화된 것이다. 이처럼 원래 고유명사였는데 시간이 흐르면서 보통명사, 일반명사가 된 어휘를 가리켜 에포님(eponym)이라고 한다. 문화심리학자 김정운이 이 책의 서평을 요청받아 다시 읽고는 대학 교수직을 내던졌다고 하고, '시골 의사'로 불리는 박경철은 인생 제2막의 분기점을 찾아 카잔차키스의 흔적을 찾아 떠나는 그리스 여행을 하고는 『문명의 배꼽 그리스』라는 제목의 책을 썼다. 좋은 작품과 번역을 남겼으며 특히 바로 이 『그리스인 조르바』를 번역한 이윤기의 유작(遺作)으로 글쓰기에 대한 글을 모은 책은 하필 『조르바를 춤추게 하는 글쓰기』라는 제목을 달고 있다. 자유로운 삶을 꿈꾸는 이들에게 카잔차키스와 조르바는 나침반 구실을 하고 있는 것이다.

『그리스인 조르바』의 이야기는 비가 쏟아지는 어느 날 젊은 지식인 화자('나')가 아테네의 외항인 피레우스에서 60대의 알렉시스 조르바를 만나는 것으로 시작된다. 책벌레로 살아온 화자는 '살아 있는 가슴, 푸짐한 언어를 쏟아내는 입, 위대한 야성의 영혼을 가졌으며 아직 모태인 대지에서 탯줄이 떨어지지 않은 사나이'와 여러 모로 대조된다. 조르바는 산투리를 연주하며 노래하길 즐기고 춤, 술, 여자를 밝히는가 하면 물레를 돌리는데 걸리적거린다는 이유만으로 왼손 집게손가락을 잘라버렸다고도 한다. 유산으로 상속받은 갈탄 광산을 개발해 새로운 생활을 도모할 요량이던 '나'에게 광산 경험이 있는 조르바가 동행할 것을 자처해서 둘은 크레타로 향한다. 크레타에 머무르는 동안 둘은 여러 일을 겪으면서 사사건건 충돌을 빚는다. 생각이 많고 사변적인 나는 거칠 것 없고 자유분방한 조르바를 이해하기 어렵다. 광산 일은 결국 실패로 끝난다. 낙담했던 나는 조르바의 권유에 따라 해변에서 어깨를 걸고 춤추면서 마침내 자유를 맛보게 된다.

두 번 노벨 문학상 후보로 지명된 카잔차키스의 이 소설은 영화, 연극, 발레로 재탄생한다. 특히 미할리스 카코지아니스(Mihalis Kakogiannis) 감독의 영화에서 조르바라는 인간형은 안소니 퀸(Anthony Quinn)의 빛나는 연기로 생명력을 얻는다. 영화음악은 거장 미키스 테오도라키스(Mikis Theodorakis)가 맡았는데, 장장 2시간 20분에 걸친 영화 끝부분 해변에서의 시르타키 춤은 음악과 함께 잊을 수 없는 명장면을 연출한다. 이 장면에서 그리스 민속 악기인 부주키(bouzouki)라는 현악기의 음색이 인상적이다. 이 춤과 음악은 '조르바의 춤'(Zorba's dance)이라는 불멸의 이름을 얻었다.

어떻게 살아야 하는가? 자유로운 삶이란 어떤 것인가? 카잔차키스는 조국 그리스를 400년이 넘는 터키의 압제로부터 해방시키는 독립 전쟁, 두 차례에 걸친 발칸전쟁, 양차 세계대전 등을 관통하는 생애 내내 자유를 꿈꾸었다. 자신에게 큰 영향을 준 인물은 호메로스, 베르그송, 니체, 붓다 그리고 조르바라고 고백하는데, 이 가운데 직접 만난 이는 조르바가 유일하다.

실존 인물을 형상화한 이 소설에서 조르바를 통해 드러나는 인간상은 카잔차키스가 동경하는 바로 그것이었을 것이다. 그에게 인간은 곧 자유이다. 『그리스인 조르바』의 한 대목은 이렇다. "인간이라니, 무슨 뜻이지요? - 자유라는 거지!" 크레타가 고향인 카잔차키스는 독일 프라이부르크에서 숨을 거두는데, 자신의 작품들로 인해 당시 그리스정교회로부터 파문당해 고향인 크레타 섬 이라클리온 교회 묘지에 묻히지 못했다. 바다가 내려다보이는 외딴 곳에 위치한 그의 무덤에는 자신의 삶의 지향점이자 동시에 조르바의 지향점이기도 한 자유에의 열정이 새겨져 있다.

> 나는 아무것도 바라지 않는다(Den elpizo tipota).
> 나는 아무것도 두렵지 않다(Den forumai tipota).
> 나는 자유다(Eimai eleftheros).

크레타의 관문인 이라클리온 공항은 '니코스 카잔차키스 공항'이라는 이름으로 이 거장을 기념하고 있다. 살아서는 파문당했지만 죽어서 다시 제 이름을 되찾은 셈이다.

플라톤이 남긴 에피그램

철학자 플라톤은 시인기도 했다. 로마의 키케로(Cicero)는 말한다. "언어에 있어서 플라톤보다 더 풍부한 자가 누구인가? 철학자들은 제우스 신이 그리스어를 말할 줄 알았다면 이렇게 물었을 것이라고 한다." 플라톤의 언어적 능력에 대한 극찬이다. 플라톤이라는 이름 아래 모두 33편의 시가 전해진다. 그 가운데 25편이 『그리스 시 선집』(Anthologia Graeca)에 실려 있고, 이 25편 가운데 11편이 디오게네스 라에르티오스(Diogenes Laertios)의 책에도 수록되어 있다. 이 25편의 시는 에피그램(희랍어 epigramma, 영어 epigram)이라고 불린다. 에피그램은 주로 2행시로 이루어진 짧은 경구시 또는 풍자시이다. 짧은 것이 특징이지만 예외적으로 제법 긴 경우도 있다. 에피그램은 주로 묘비명으로 쓰였다. 따라서 에피그램에는 죽음에 대한 성찰이 깔려 있다. 그렇지만 플라톤의 모든 에피그램이 묘비명이었던 것은 아니다. 특히 플라톤이 시라쿠사이(Syrakousai) 방문을 통해 인연을 맺은 디온(Dion)의 죽음을 두고 쓴 애절한 에피그램(아래 번호 6)은 묘비명은 아니지만 적어도 추모사의 성격을 띤다고 할 것이다. 플라톤이 썼다고 전해지는 시들이 실제로 플라톤의 작품인지를 둘러싸고 오래 전부터 고전 문헌 학자들 사이에 많은 논란이 있었다. 그러나 에피그램과 같이 극히 짧은 텍스트가 진작(眞作)인지를 논리 정연하게 증명해 보이기란 거의 불가능에 가깝다. 여기에 25편 가운데 특히 죽음에 대한 성찰이 두드러진 몇몇을 소개한다(번호는 플라톤의 에피그램에 매겨진 통상적 순서).

2. 『그리스 시 선집』 V.79

내가 그대에게 사과를 던져주자 그대는 나를 사랑하려 했네

오, 이 사과를 받는 대신 그대의 마음을 다오

그럴 리야 없겠지만 다른 생각을 품고 있다면

이 사과를 받고 생각할지니라, 아름다움이 얼마나 쉬이 사라져 버리는지를!

3. 『그리스 시 선집』 V.80

사랑하는 자가 그러하듯이 그대에게 사과를 내민다

오, 받아들여라, 크산티페여! 그대도 나처럼 언젠가는 시들고 말리니.

6. 『그리스 시 선집』 VII.99

세상에 나기도 전에/ 운명의 여신들이

헤카베와 트로이의 여인들에게/ 눈물의 실을 자아내게 했지

운명이 그대에게서/ 모든 희망의 열매를 별안간 앗아갈 때

디온, 그대는 월계관을 쓰고 있었지

내 영혼이 그대를 비추듯이/ 고향의 땅에서 민족의 품 안에서

고이 잠들라, 사랑하는 나의 디온이여

8. 『그리스 시 선집』 VII.256

아, 우리는 한때 천둥 몰아치는 에게의 격랑을 떠나

지금은 에크바타나 근처 대지의 한가운데 누워 있네

에레트리아의 아름다운 고향이여, 잘 가거라! 에우보이아의 이웃 아테네

너 역시 잘 가거라, 그대 우리의 사랑-오, 대양이여!

9. 『그리스 시 선집』 VII.259

우리, 에우보이아 섬의 도시, 에레트리아에서 태어나 여기 수사 근처에 누워 있나니

아, 고향의 들녘에서 그리도 먼 이곳에.

10. 『그리스 시 선집』 VII.265

바닷가의 무덤 하나, 그 곁에 한 농부가 졸고 있네

보라, 저 대지와 바다! 죽음은 이들과 함께 있다

12. 『그리스 시 선집』 VII.269

항해자여, 대지와 바다에 많은 축복을! 그러나 그대들은

여기 한 난파자의 무덤과 묘비로 항해함을 알지어다.

14. 『그리스 시 선집』 VII.670

그대, 한때는 살아 있는 자들 가운데 빛을 발하던 아침별이었으나

이제는 죽은 자들 곁에서 죽음을 비추는 저녁별이어라

17. 『그리스 시 선집』 IX.51

시간이 모든 것을 계속 끌고 다닌다. 삶의 연륜을 서서히 더 하면서

육체의 모습도, 이름도, 행운이나 본성도 죄다 바꾼다

21. 『그리스 시 선집』 XVI.13

나그네여, 저 치솟은 가문비나무 발치에 몸을 뉘어라

미풍이 남실남실 쉬임 없이 나뭇잎을 간질이는 소리를 들으렴

샘물은 졸졸 노래 부르고, 나의 목적(牧笛)이 울려 퍼져

마술을 걸 듯 그대 눈에 청량한 잠을 방울방울 떨어뜨리리라

죽음을 일깨우는 촌철살인

서양 사람들은 우리가 언젠가는 죽는다는 것, 때로는 그럴 것 같지 않아 보이기도 하지만 실은 죽음을 맞고야 만다는 것을 끊임없이 되새기면서 살아간다. 잔인하리만치 집요하다. 그래서 죽음을 생각하게 만드는 라틴어 경구가 여럿 있다. 가장 널리 알려진 경구는 단연 다음의 것이다.

메멘토 모리(Memento mori).

이 경구는 명령형 표현으로서 "언젠가는 죽을 것이라는 것을 기억하라", "죽음을 각오하라."고 촉구한다. 너무 유명해서 라틴어 표현뿐만 아니라 영어 번역, 독일어 번역도 자주 발견된다. Remember that thou must die. Sei dir immer bewuβt, daβ du einmal sterben wirst. 서양 사람들은 흔히 이 경구를 하루에도 몇 번은 바라보게 되는 거실 괘종시계에 새겨둔다. 시간을 알아보기 위해 시계를 볼 때마다 죽어야 하는 존재임을 되새기라는 의도에서 그렇게 한다.

인간에게 이 세상의 일은 대부분 불확실하다. 확실한 일이란 별로 없다. 그런 가운데에서 누구에게나 의심의 여지 없이 확실한 사실 한 가지가 있다. 우리가 언젠가는 죽음을 맞는다는 것이다. 이것보다 확실한 일은 없을 것이다. 죽어야 하는 운명이요 죽음을 피할 도리는 없다는 것은 매우 확실하지만 정작 그 시각이 언제인가는 불확실하다. 이런 극명한 대비를 다음과 같은 라틴어 경구가 드러낸다.

모르스 체르타, 호라 인체르타(Mors certa, hora incerta).

"죽음은 확실하나, 그 시각은 불확실하다." 죽음의 시각이 불확실하다는 것을 말하는 라틴어 경구는 또 있다.

울티마 호라 라테트(Ultima hora latet).

"최후의 시각은 감추어져 있다." 이 표현에서 호라(hora)를 생략하고 울티마 라테트(Ultima latet)라고만 해도 같은 뜻이 된다.

알다시피 죽음은 삶과 한 쌍을 이룬다. '삶'과 '죽음'을 한 문장에 넣어서 죽음을 환기시키는 표현도 있다.

메디아 인 비타 인 모르테 수무스(Media in vita in morte sumus).

"우리는 삶의 한복판에서도 죽음 가운데에 있다." 흔히 그렇게 말하듯 삶과 죽음은 동전의 앞뒷면이다. 분명히 의학적, 생물학적 관점에서 우리 인간은 하루하루 죽어 가는데도 언어적으로 우리는 하루하루 살아간다고 표현한다. 하루하루 살아가면서 동시에 하루하루 죽어가고 있다. 삶과 죽음이 둘이 아니라 하나다. 죽음은 어떤 의미로는 또 다른 삶의 시작이다.

모르스 포르타 비타이(Mors porta vitae).

"죽음은 삶의 현관이다."

어느 해인지 필자가 재직하고 있는 대학교 인문대 학생 한 명이 여름방학 중 불의의 사고로 숨졌다. 새 학기가 시작되자 소속 학과 학생들이 소박한 천으로 손수 만들고 글귀를 쓴 현수막을 내다 걸었다.

"왜 신은 어여쁜 이를 먼저 데려가시는지."

현수막 앞을 지날 때마다 가슴이 아렸다. 동료 학생들의 아픔과 슬픔이 생생하게 전해졌다. 라틴어로도 똑같은 내용의 표현이 있다.

쿠엠 디 딜리군트, 아둘레스첸스 모리투르(Quem di diligunt, adulescens moritur).

"신들이 사랑하는 자는 젊어서 죽는다." 미인박명(美人薄命)도 비슷한 뜻일 게다. 죽음에 대한 성찰은 시간에 대한 성찰로 이어진다. 오래 전 대학 입학 논술 문제를 출제하라는 임무를 부여받은 적이 있었다. 출제 팀은 곡성의 도림사 계곡 작은 호텔에 감금되었다. 보안을 유지한다고 외부와의 연락을 차단해서 답답하고 지루한 시간을 보내야 했다. 그나마 유일한 위안거리는 호텔 안 소박한 사우나 시설이었다. 그런데 그 사우나 시설 탈의실 한쪽에 서 있는 괘종시계에도 라틴어 경구가 쓰여 있었다. 호텔 주인의 드높은 식 견과 교양을 말해 준다고 보아도 좋을 것이다.

템푸스 푸기트(Tempus fugit).

"시간은 달아난다." 세월은 흐르는 물, 유수(流水)와도 같다. 쏜살같이 흐 른다. 바하의 음악 가운데에 〈토카타와 푸가〉가 있다. 이 '푸가'와 라틴어 경 구의 '푸기트'는 어원이 같다. 그래서 푸가(fuga)를 '둔주곡'(遁走曲)이라고 번역 한다. '둔주'는 '달아난다'는 뜻이다. '템푸스 푸기트'와 아주 비슷한 뜻을 지 닌 경구가 또 있다.

템푸스 에닥스 레룸(Tempus edax rerum).

"시간은 모든 것을 게걸스럽게 먹어 치운다." "모든 것을 게걸스럽게 먹어치우는 시간." 영어로는 흔히 다음과 같이 표현한다. "Time, devourer of all things".

3. 두 가지 개념 쌍:
헬레니즘과 헤브라이즘, 미토스와 로고스

헬레니즘과 헤브라이즘

현대에 이르기까지의 서양 문화를 지탱하는 두 기둥으로 '그리스적 전통'과 '기독교적 전통'을 들 수 있다. 이 두 가지는 흔히 헬레니즘(hellenism)과 헤브라이즘(hebraism)이라고 불린다. 말하자면 서양 문화는 헬레니즘과 헤브라이즘이라는 씨줄과 날줄로 직조된 양탄자, 혹은 헬레니즘과 헤브라이즘이라는 두 기둥 위에 세워진 건축물이라고 할 수 있겠다. 헬레니즘이 유럽의 철학 · 과학 · 예술의 탯줄이라면, 헤브라이즘은 종교, 정확히 말해서 기독교를 서양 사람들에게 선물했다. 이 두 흐름은 한편으로는 서로 영향을 주고받는, 없어서는 안 될 동반자적인 관계를 유지했는가 하면, 다른 한편으로는 사안에 따라 치열한 갈등을 보이기도 했다.

헬레니즘이라는 말은 두 가지로 쓰인다. 헬레니즘이라는 단어를 학술적인 용어로 쓰기 시작한 사람은 독일의 역사학자 드로이젠(G. Droysen)으로 알려져 있다. 우선 좁은 의미의 헬레니즘은 니체(F. Nietzsche)가 말하는 '그리스 철학의 저녁노을'에 해당하는 시기, 즉 마케도니아의 알렉산더대왕이 지중해 연안을 통일한 시기, 또 달리 표현해서 아리스토텔레스의 죽음(B.C. 322) 부터 서로마제국의 멸망(A.D. 476)에 이르는 시기를 말한다. 철학에서 보자면 이 시기의 흐름은 크게 두 부분으로 나뉘는데, 그 전반부를 윤리적 시대, 그 후반부를 종교적 시대라고 부른다. 윤리적 시대의 주요 흐름으로는 스토아학파, 에피쿠로스학파, 회의학파를 들 수 있고, 종교적 시대의 주된 사조로는 알렉산드리아학파, 신피타고라스주의, 신플라톤주의가 있다. 이처럼 좁은 의미의 헬레니즘은 우리가 그리스 · 로마 시대라고도 부르는 시기의 사상적 흐름을 가리킨다. 이와는 달리 넓은 의미의 헬레니즘은 헤브라이즘과 대비되어 쓰인다. 이 경우에는 일체의 그리스적 전통을 뜻한다.

오늘날 유럽 여러 나라들이 '유럽연합'(European Union, EU)이라는 깃발 아래 통합되어 있다. '유럽연합'은 상당히 강력한 결속력을 보이는 공동체이다. 당장 유럽의 공항의 출 · 입국 시설만 해도 '유럽연합 회원국'과 '비회원국'을 구별해서 각각 별도의 통로를 두고 있을 정도이다. 유럽연합 회원국 사이에서는 비자 없이 왕래할 수 있음은 물론이요, 교육과 취업에서도 국적에 따른 일체의 차별을 할 수 없게 되어 있다. 그러니까 독일 고등학생이 똑같은 조건에서 경쟁하여 영국이나 이탈리아 대학에 진학할 수 있고, 네덜란드에서 대학 교육을 받은 학생이 독일이나 프랑스의 기업에 지원해서 해당국 청년과 똑같은 조건에서 경쟁하여 취업할 수 있다. 여기에서 의문이 생긴다. 지난 세월 복잡다단한 갈등과 전쟁을 겪은 이 나라들이 도대체 어떻게 해서 하나의 울타리 안으로, 그것도 강한 결속력을 지닌 울타리 안으로 묶일 수 있다는 것일까? 유럽의 여러 나라들이 연합할 수 있는 세 가지 근거로, 첫째, 그리스철학 및 그와 연관된 자유의 이념, 둘째, 기독교 및 그와 연관된 인간 존엄성의 사상, 셋째, 로마식 법 체계 및 그와 연관된 질서의 사상을 든다. 이 세 가지를 공동의 자산으로 갖는다는 점에서 유럽연합이 우연이 아니며 당위성을 지닌다는 것이다. 유럽 사람들이 공유한다고 보는 이 세 가지를 헬레니즘과 헤브라이즘에 로마식 법 체계 내지 행정 체계가 덧붙여진 것으로 이해할 수 있다. 터키라는 나라를 생각해 보자. 터키는 북대서양조약기구(NATO)의 회원국으로서 미국 및 유럽 여러 나라와 함께 냉전 시대의 군사동맹국이었다. 그렇지만 현재 터키는 유럽연합의 일원은 아니다. 위의 세 가지를 공유하지 않기 때문이다. 어쩌면 앞으로는 일원이 될지도 모르겠지만 지금까지는 그렇다. 영국 시인 바이런(George Gordon Byron, 1788-1824)이 터키의 압제에 시달리는 그리스를 해방시키고자 전쟁에 참가했던 것도 이런 각도에서 이해할 수 있다. 영국 시민 바이런이 자신의 조국도 아닌 그리스의 해방을 위해 몸을 던진 까닭이 무엇일까? 바이런으로서는 서양 문화의 요람인 그리스가 이슬람 세력의 지배를 받고, 그리스 문화의 꽃이라고 할 파르테논신전이 터키군의 무기고로 사용되는 것을 견딜 수 없었을 것이다. 이처럼 헬레니즘과 헤브라이즘은 유럽 문화의 밑 바닥에 놓인 두 원동력이자 지금까지도 유럽 사람들이 국적과 관계없이 공통 분모로 여기는 두 요소이다.

헬레니즘과 헤브라이즘을 간략하게 대비시켜 보자. 가장 뚜렷한 차이는 신관(神觀)에서 드러난다. 헬레니즘에서는 '신들'(theoi)이라는 복수 형태가 자연스럽게 쓰이는 반면, 헤브라이즘에서는 오로지 '하나의 신'(theos)이 있을 따름이다. 헬레니즘에서는 신에 대해 무엇이라고 기술할 때 신이라는 단어가 술어 위치에 놓이는 반면, 헤브라이즘에서는 반드시 주어 위치에 놓인다. 즉 헬레니즘에서는 '승리(희랍어 Nike, 라틴어 Victoria)는 신이다', '사랑(희랍어 Eros, 라틴어 Amor)은 신이다' 등으로 표현되고 주어 위치에 온갖 것들이 올 수 있다. 반면에 헤브라이즘에서는 '신은 사랑이다', '신은 선하다'라는 식으로 표현한다. 신은 반드시 주어 위치에 놓이고, 술어 위치에 온갖 것들이 올 수

───── 시스티나의 마돈나,
라파엘로, 16세기 초로 추정, 드레스덴 고전회화관, 출처: 위키피디아.

있다. 헬레니즘에서는 '무(無)로부터는 아무것도 나올 수 없다'(nihil ex nihilo)고 보는 반면에 헤브라이즘에서는 신이 이 세상을 '무로부터 창조'(creatio ex nihilo)했다고 본다.

그런데 시간이 흐르면서 헬레니즘적 요소와 헤브라이즘적 요소 사이에는 융합이 일어난다. 가장 대표적인 사례로 영국 런던의 피카딜리 서커스에 서 있는 〈에로스 상〉을 들 수 있다. 피카딜리 서커스는 영국 방문객에게는 여행의 시작점이 되는 곳이요, 거기에 서 있는 〈에로스 상〉은 약속과 만남의 장소로 제격이다. 그렇지만 1893년에 세워진 이 기념 건축물은 원래 '섀프츠베리 기념상'으로 불렸다. 즉 당시 '기독교적 자비의 천사'였던 섀프츠베리 백작을 기리는 조형물이었던 것이다. '에로스'와 '천사'는 각각 헬레니즘 세계와 헤브라이즘 세계의 것으로서 뚜렷이 구별된다. 그러나 시간이 흐를수록 '에로스'와 '천사'는 오동통한 얼굴에 금발의 곱슬머리인 아이로 같아져버린다. 지금도 현지인 일부는 〈에로스 상〉이라고 하는가 하면, 다른 일부는 〈천사 상〉이라고 하는 실정이다.

어려서 어머니를 잃은 라파엘로(Raffaello Sanzio, 1483-1520)는 유독 '성모자'(聖母子)를 많이 그렸다. 드레스덴 고전 회화관에 전시되어 있는 〈시스티나의 마돈나〉에는 아기 예수를 안은 성모 발 아래에 귀엽고 통통한 두 아기 천사를 그려 넣었다. 그 가운데 양팔을 엇갈려 포갠 위로 턱을 고인 천사 그림은 '우리 안의 천사'라는 이름의 커피 체인점 트레이드마크가 되었다. 라파엘로는 1511년 로마의 부호 아고스티노 치기(Agostino Chigi)의 집인 빌라 파르네시나(Villa Farnesina)에 '갈라테아의 방'(Sala di Galatea)을 조성한다. 이 방에는 〈갈라테아의 승리〉라는 벽화가 있다. 그리스신화에서 갈라테아는 물의 요정이다. 승리한 갈라테아는 두 마리 돌고래를 딛고 서서 마치 마차를 모는 듯 물 위를 질주하는데, 그 갈라테아 머리 위로는 세 어린 에로스가 화살을 겨누

──── 갈라테아의 승리, 빌라 파르네시나 벽화
라파엘로, 1511년, 출처: 위키피디아.

고 있다. 그런데 〈시스티나의 마돈나〉의 아기 천사와 〈갈라테아의 승리〉의 아기 에로스는 이미 너무 닮아 있어 식별이 되지 않을 정도이다. '에로스'와 '천사'가 이토록 닮아 가는 경향은 바로 헬레니즘과 헤브라이즘 사이의 융합 의 단적인 예라 할 것이다.

미토스와 로고스

어느 시대 어디에서도 그렇듯이 고대 희랍에서도 사람들은 '죽음'을 성찰 했다. 우리는 철학이 느닷없이 출현한 것이 아니라 헬라스 종교로부터 전 개되어 나와서 차츰 그 독자성을 획득했다는 것을 잘 알고 있다. 그런 까닭 에 희랍 사람들에게서 종교와 철학 사이에 뚜렷한 경계선을 긋기란 쉽지 않다. 긴 시간을 두고 '신화적 사고'로부터 '철학적 사고'로, '종교적 언어'로 부터 '철학적 언어'로의 이행이 일어난다. 물론 이 이행은 중첩까지도 포함 한다. 다시 말해서 신화적 사고가 철학적 사고에 의해, 종교적 언어가 철학 적 언어에 의해 남김없이 대체되는 것은 아니다. 이런 전개 과정을 '미토스 (mythos)로부터 로고스(logos)로'라고 표현해 볼 수 있겠다.[10]

아리스토텔레스는 신화에서 벌써 어떤 철학적인 것을 발견하고 있다. 그 는 철학의 기원에 대해 다음과 같이 말한다. "지금이나 시초에나 인간은 놀 라움을 통해서 철학하기 시작했다. … 그런데 어떤 것을 두고 불확실한 상 태에 있고 놀라워하는 사람은 그것을 알고 있다고 생각하지 않는다. 그렇기 때문에 미토스를 사랑하는 사람(philomythos)도 어떤 의미에서는 지혜를 사랑 하는 사람(philosophos)이다. 왜냐하면 신화는 놀라움을 불러일으키는 것들로 이루어져 있기 때문이다."[11] 신화는 비록 의인화된 종교 언어로 말하고 있지만 실상 철학과 똑같은 것을 말하고 있는 것이다.

칼 알버트(K. Albert)는 신화의 네 가지 특징을 제시한다. 첫째로 신화는 성스러운 이야기이다. 둘째로 신화는 참된 이야기이다. 셋째로 신화는 초시간적인 이야기이다. 넷째로 신화는 성스럽고, 참되며, 초시간적이기 때문에 인간의 모범(paradeigma)이라는 성격을 갖는다.[12]

희랍어 미토스(mythos)는 "참된 말, 무조건적으로 타당한 말, 있는 사실에 대한 말을 의미한다."[13] 그렇다면 미토스는 로고스(logos)와 구별된다. "로고스는 깊이 생각된 말, 따라서 올바른 말이다. 올바르다는 것(Richtigkeit)은 항상 어떤 연관성 안에서, 어떤 특정한 조건 아래에서 올바르다. 이와는 반대로 참되다는 것(Wahrheit)은 어떤 조건이나 연관성 없이 그 자체로 타당하다."[14]

여기에서는 고대 희랍 사람들이 죽음을 어떻게 이해했는지를 미토스와 로고스라는 두 가지 측면에서 살펴보려고 한다. 우선 미토스와 관련해서는 그리스 비극과 신화에서 죽음이 어떻게 이해되고 나타나는지를 고찰한다. 다음으로 로고스와 관련해서는 주로 플라톤의 여러 대화편들이 분석 대상이 된다. 플라톤은 『파이돈』에서 철학을 '죽음의 연습'으로 규정한다. 라인하르트(K. Reinhardt)가 지적하듯 죽음이라는 주제가 어떤 방식으로든 개진되지 않는 대화편은 없다고 할 수 있다. 플라톤에게 철학은 불멸에 이르는 길이다.

인간 정체성과 죽음

인간이란 무엇인가? 인간은 스스로를 문제 삼을 줄 아는 존재이다. '인간이란 무엇인가?'라는 물음에는 반성적, 반사적, 재귀적(reflective, reflexive) 구조가 있다. '묻는 자'도 '인간'이요, '물어지는 것'도 '인간'이다. 이 반성적 물음을 던질 줄 안다는 것이야말로 '인간'이라는 종(種)을 여타의 종으로부터 구별시켜 주는 '종차'(種差, differentia specifica)라고 할 만하다. 인간이 인간을 묻는 이 반성적 물음은 인류가 존재하기 시작한 이래 끊임없이 물어져 왔고 지금도 물어진다. 신화에서 스핑크스(Sphinx)가 지나는 이들에게 던진 물음이자 수수께끼는 "아침에는 네 발로, 점심 무렵에는 두 발로, 저녁에는 세 발로 가는 것이 무엇이냐?"는 것이었고, 수많은 사람들이 알아맞히지 못해서 잡아먹힌다. 이 수수께끼를 알아맞혀 죽음을 면한 이는 오이디푸스(Oidipous)이다. 오이디푸스는 죽음을 모면하고, 스핑크스는 절벽에서 뛰어내려 죽는다. '인간이란 무엇인가?'를 묻는 물음, 곧 인간 정체성을 묻는 물음은 인간에게는 생사를 건 물음, 생사가 걸린 절체절명의 물음, 모든 물음들 가운데 최고의 물음이다.

그런데 고대 희랍 사람들에게는 '인간이란 무엇인가'라는 물음이 곧바로 '인간과 신을 구별하는 기준이 무엇인가', '인간은 어떤 점에서 신과 다른가'라는 물음으로 이어진다. 콜로폰의 크세노파네스(Xenophanes)는 유명한 토막글에서 "만일 소, 말, 사자에게 손이 있어 사람이 그러는 것처럼 그림을 그려 낼 수 있다면, 신의 모습을 말은 말로, 소는 소로 그릴 것이다"[15]라고 말한다. 이 토막글은 신이 인간의 모습을 하고 있고 인간이 하는 행동을 그대로 하는 등, 결국 인간과 다르지 않다는 생각, 곧 안트로포모르피즘(anthropomorphism, 神人同形同性說)에 대한 통렬한 비판을 담고 있다. 크세노파네스의 비판을 뒤집어서 보자면 고대 희랍 사람들에게 신과 인간은 같은 모습을 하고 있고 성질도 같다고 여겨졌던 것이다. 신과 인간 사이에 다른 점은 단 한 가지, 신은 죽음을 겪지 않는 반면에 인간은 죽음을 면치 못한다는 점이다. 신은 '불사의 존재', '불멸의 존재'요 인간은 '가사적 존재', '필멸

——— 오이디푸스와 스핑크스
장 오귀스트 도미니크 앵그르, 1808년, 루브르 박물관, 출처: 위키피디아.

의 존재'이다. 이런 대립성이 희랍어로는 두 쌍의 형용사로 표현된다. 그 한 쌍은 '아타나토스(athanatos) - 트네토스(thnetos)'이고, 다른 한 쌍은 '암브로토스(ambrotos) - 브로토스(brotos)'이다. '아타나토스'의 '아'(a)는 희랍어에서 '부정'이나 '결핍'을 나타낸다. 형용사 '아타나토스'에서 나온 명사 '아타나시아' (athanasia)는 '불멸', '불사'를 뜻한다. '아타나시우스'(Athanasius)라는 서양 남자 이름도 같은 어원에서 나왔다. 서양 남자 이름 암브로시우스(Ambrosius)와 여자 이름 암브로시아(Ambrosia)가 형용사 '암브로토스'에서 나왔다는 것도 같은 이치이다. 모두 '불사, 불멸의 추구', '영원성의 갈망'으로 이해된다. 신화에서 신들의 음식, 신찬(神饌)을 암브로시아(ambrosia), 신들의 음료, 신주(神酒)를 넥타르(nektar)라고 부른다. 넥타르가 신화에서 신들의 전유물이었던 데에 반해 현대 사회에서 너도나도 사과 넥타, 복숭아 넥타를 마시게 된 것은 실로 대단한 민주화의 결과라 할 만하다.

'인간이란 무엇인가'라는 물음은 '죽음이란 무엇인가'의 물음과 통하는 바가 있다. 두 물음의 밑바닥에는 '인간 정체성'에 대한 이해가 놓여 있다. 인간은 스스로를 문제 삼는 존재이자 동시에 '죽음을 문제 삼는 존재', '죽음을 성찰하는 존재', '죽음을 이해하는 존재'이다.

4. 희랍 비극과 신화에서의 죽음

희랍 비극에서의 운명과 죽음의 힘

희랍 비극은 희랍 철학의 전개에 크나큰 영향을 미쳤다. 희랍 비극이라는 복합 현상을 철학과 연관시켜 봄으로써 희랍 사람들이 이해한 삶과 죽음에 한 걸음 더 가까이 다가갈 수 있을 것이다. 희랍 비극은 서정시, 서사시, 희극과 같은 다른 분야들과 나란히 문학 예술의 한 장르로 볼 수도 있고, 다른 한편으로는 인간 실존의 비극성이 두드러지게 나타나는 의식 상황의 표현으로도 파악될 수 있다. 이런 비극적 의식은 희랍 사람들의 삶에 실제로 있었으며, 그것도 비극이라는 예술 형태가 생겨나기 이전에 이미 있었다. 바로 기원전 6세기 중엽 밀레토스의 아낙시만드로스(Anaximandros)가 쓴 토막글은 그리스 초기 사상에서 비극적인 것과의 대결이 본질적인 역할을 했었다는 점을 보여준다. "대립적인 요소들은 시간의 질서라는 심판관에 의해 불의에 대한 심판과 처벌을 받는데, 이는 마땅한 일이다."[16] 우리의 삶은 대립적인 상태 사이를 마치 시계추처럼 왔다 갔다 한다. 배부름은 배고픔이 중단된 상태요, 배고픔은 언제라도 배부름을 대체할 수 있다. 전쟁 상태가 끝나면 평화이고, 평화는 자칫 전쟁으로 바뀔 가능성이 크다. 이렇게 지금 당장 드러나 있는 상태는 일정한 시간 동안만 지속될 수 있고 그 배후에는 항상 그 반대 상태가 도사리고 있다. 한 상태가 자신에게 허용된 정도 이상으로 지속되는 것은 '불의'이다. '정의'는 지금 드러나 있는 상태가 적당한 시간 동안 지속되다가 숨어 있던 반대 상태에 그 자리를 내주는 것이다. 이때 시간이 심판관 역할을 한다. 시간의 질서라는 심판관에 의해 심판과 처벌이 이루어짐으로써 대립되는 상태들 사이의 '정의'가 유지된다. 행복과 불행도 마찬가지이다. "모든 아름다운 것, 누릴 만한 것, 훌륭한 것, 충만한 것은 필연적으로 내재한 반대 상태를 대가로 치르고 얻었으므로, 언젠가는 반대 상태에 굴복해서 멸망하게 되어 있다. 그리스 비극의 배후에서도 발견되는 이런 생각에는 고전 시대 그리스의 우울한 삶의 정조가 짙게 깔렸다. 아낙시만드로스는 세계 전체에서 삶의 비극적 의미를 본 것이다. 학문의 역사상 최초 법칙은 그리스 인들의 비극 의식을 적나라하게 표현한다."[17] 우리의 삶은 목욕탕에서 열탕과 냉탕을 번갈아 드나드는 것과 같다. 시간의 흐름에 따라 한 상태는 언젠가 그 반대 상태와 교체된다.

그런데 모든 사람에게는 타고난 저마다의 몫(moira)이 있다. 이것이 비극의 밑바닥에 깔려 있는 '운명'이다. 그리스 비극을 '성격극'으로 보기도 하고 '상황극'으로 보기도 하지만 무엇보다도 '운명극'이라는 점을 부인하기 어렵다. 그리스 신화에서 운명의 여신들은 밤의 여신 닉스(Nyx)의 세 딸인 클로토(Klotho), 라케시스(Lachesis), 아트로포스(Atropos)이다. 이 자매 신의 세 이름은 각각 '실을 만드는 자', '분배하는 자', '피할 수 없는 자'를 뜻한다. 운명의 여신들이 우리 삶의 날들을 실로 만들어 내는데, 그 가운데 하루는 피할 수 없는 죽음의 날이다. 각 인간에게 부여하는 실의 길이는 오직 운명의 여신들이 결정하며, 제우스조차 이 결정에 관여할 수 없다. 마치 모래시계에서 위쪽의 모래가 죄다 아래쪽으로 쏟아져 내려오면 비로소 모래의 이동이 끝나듯이, 각자에게 부여된 실의 길이가 끝나는 바로 그 지점에서 생명은 마감된다. 이렇게 운명의 여신들(Moirai)에 의해 결정된 것이 각자의 '몫'(moira)이 된다. 예컨대 아킬레우스는 일찍 죽는다는 운명을 안고 태어나며, 오이디푸스는 자신의 아버지를 죽이고 자신의 어머니와 결혼한다는 운명을 안고 태어난다. 아리스토텔레스가 비극의 6요소 가운데 가장 중요하게 여긴 '플롯'에서 결국 드러나는 것은 바로 주인공의 '운명의 변화'이다. 이 '운명의 변화'를 드러내는 두 방식이 '급반전'(peripeteia)과 '알아차림'(anagnorisis)인 것이다.

비극에서 본질적인 것은 위대한 비극적 영웅들이 결국 자기들의 행위로 인해 빚어진 끔찍한 귀결들을 운명으로 받아들인다는 점이다. 이 영웅들은 처음에는 간혹 항거하기도 하고 투정을 부리기도 하며 그들이 행한 행위의 결과들을 피하려고 애쓰기도 하지만, 결국에는 그 결과들을 감수한다. 그 이유는 그들이 결과를 받아들임으로써 세계의 은폐되어 있는 질서, 곧 아주 강력한(allmächtig) 신들과 무력하기 짝이 없는(ohnmächtig) 인간들 사이의 관계가 유지된다는 사실을 알게 되기 때문이다.

비극적 영웅이 흔히 끔찍한 운명에 순응하는 것은 이 참혹한 운명을 자신이 범한 과오의 귀결로 인정하기 때문이다. 이 과오는 클리타임네스트라(Klytaimnestra)의 경우에서처럼 행위가 도덕적으로 비난받을 만한 경우에만 성립하는 것이 아니다. 행위자에게 도덕적으로 아무런 책임도 물을 수 없는 경우에도 성립한다. 예컨대 아가멤논이 자신의 딸 이피게네이아(Iphigeneia)를 희생 제물로 바쳤을 때, 그는 정말이지 바로 신의 명령에 따랐던 것뿐이다. 또 오이디푸스가 테베의 구원자로서 남편을 여읜 이오카스테(Iokaste)와 결혼했을 때 그는 도덕적으로 비난받을 짓을 한 것이 아니었다. 왜냐하면 그는 이 여인이 자신의 어머니라는 사실을 몰랐기 때문이다. 어떤 의미로는 클리타임네스트라 같은 인물조차도 도덕적으로 잘못이 없다고 할 수 있다. 왜냐하면 그런 행위에도 실은 신(神)이 개입해 있기 때문이다. 그리스 사람들이 보기에는 모든 행위에 신의 아주 강력한 힘이 은연중에 작동하고 있다.

비극 작가들로 하여금 영웅들의 운명에 관심을 갖게 만드는 것은 무엇인가? 그것은 모든 행위가 아니라 오로지 죽어야 하는 존재, 땅에 매인 인간존재의 한계를 특히 분명하게 드러내는 행위와 그 귀결들이다.

앞에서 보았듯이 오이디푸스는 스핑크스가 낸 수수께끼를 풀어낸다. 이것은 곧 인간이 죽어야 하는 존재라는 사실을 통찰했다는 것을 뜻한다. 즉 인간은 젊음을 유지하는 시기에만 하늘의 열린 공간을 향하여 위로 몸을 곧추 세울 수 있는 반면에, 어린 시절과 늙어서는 약하고 노쇠하여 기거나 지팡이에 의지할 수밖에 없게 된다. 다시 말해서 땅에 허리를 굽히게 되는 것이다. 오이디푸스는 단지 하나의 수수께끼를 푼 것으로 그치는 것이 아니라 죽어야 하는 존재, 곧 하늘 아래 땅 위를 터 잡고 사는 인간 자신의 수수께끼를 푼 셈이다.

인간은 짐승들처럼 그저 의식이 없어지면서 소멸하는 것이 아니라 죽는다. 독일어에서는 인간과 짐승을 구별해서 쓰는 말이 여럿 있다. 예컨대 인간이 죽는 것은 '슈테르벤'(sterben)이라는 동사로 나타내지만 짐승의 경우에는 '페어엔덴'(verenden)이라는 동사를 쓴다. 고대 그리스 사람들이 인간을 가리켜 '호이 트네토이'(hoi thnetoi), 독일어로 표현해서 '디 슈테르플리헨'(die Sterblichen)이라고 한 것은 그야말로 인간의 고유성을 '죽어야 하는 존재'로 보았다는 것이 된다. '죽는' 혹은 '죽어야 하는' 정도를 뜻하는 희랍어 형용사에는 '트네토스'(thnetos) 말고도 '브로토스'(brotos)가 있다. 이 두 형용사에 '부정'을 뜻하는 전철 '아'(a)를 붙이고 명사화한 것이 '아타나시아'(athanasia)요 '암브로시아'(ambrosia)이다. 둘 다 '불사' 혹은 '불멸'을 뜻한다. 이것은 인간이 아닌 신에게만 적용된다. 아닌 게 아니라 올림포스의 신들은 암브로시아(ambrosia, 神饌)를 먹고 넥타르(nektar, 神酒)를 마신다. 인간은 '죽어야 하는 존재'요, '죽을 수밖에 없는 존재'이다. 그러기에 인간에게 들이닥치는 운명은 모두 '죽음의 힘'(rigor mortis)과 연관된다.

인간은 죽음이 삶 안에 함께 있다는 사실을 조상을 기리는 제의(祭儀, ritual)를 통해서 확인한다. 이 제의를 통해 죽은 조상이 기억 안에서 계속 산다는 사실이 우리로 하여금 어느 정도 죽음의 무거움에서 벗어나게 한다. 우리가 기억에서 사라지지 않게 하는 사람은 바로 그 기억을 통해서 망각이라는 죽음의 그늘에 떨어지지 않고 보존된다. 망각은 또 하나의 죽음이다. 위대한 행위의 주인공들은 사후에도 기억에 남게 된다.

그리스 사람들에게 가장 위대한 행위란 죽어야 하는 존재인 인간이 죽음 앞에서 입증해 보인 행위들이다. 그러한 행위들을 과거 그리스의 영웅들이 행했다. 이 영웅들은 자신들의 위대한 행위로 소멸되지 않는 기억을 생겨나게 함으로써 최소한 그 이름의 소멸성, 사멸성을 극복했다. 다시 말해 이 영웅들의 이름은 망각에 빠지지 않았다. 이렇게 명성이 소멸하지 않았기에 그러한 인간들에게는 불사의 존재인 신들의 불멸성이 어느 정도 나누어진 셈이 된다.[18] 헤라클레이토스는 디오니소스와 하데스(Hades)가 동일하다고 한다.[19] 하데스는 지하 세계의 신이요 죽음의 신이다. 디오니소스 숭배와 연관을 맺고 있는 비극은 모든 인간에게 예외 없이 들이닥치는 '죽음의 힘'을 드러낸다.

──── 고대 그리스 도자기
작자·연대 미상, 출처: 위키피디아.

희랍 신화에서 죽음과 잠

희랍 신화에서 죽음의 신 타나토스(Thanatos)와 잠의 신 히프노스(Hypnos, 로마 신화 Somnus)는 어둠의 신 에레보스(Erebos)와 밤의 여신 닉스(Nyx) 사이에서 태어난 쌍둥이 형제이다. 칠흑 같은 밤의 어두움에서 유래한 타나토스와 히프노스를 쌍둥이 형제로 나타낸다는 것은 "죽음이란 잠일 뿐"이라는 생각을 드러낸다. 죽음에 대한 이런 생각은 우리의 어법에서도 찾아볼 수 있다. 죽음을 묘사하는 많은 우리 표현 가운데 '영면'(永眠)이 있다. 어떤 이가 죽은 것을 두고 '영면에 들었다'거나 '영면했다'고 표현한다. 아침에 잠에서 깨어나면 아직 살아 있는 것이요, 깨어나지 못하고 계속 자게 되면, 곧 영원한 잠에 빠지게 되면 죽은 것이다. 간혹 대학 수업 중에 잠을 이기지 못하고 엎드려 자는 학생이 있다. 그때마다 학생을 일으켜 세우고는 이렇게 말한다. "죽으면 계속 잘 텐데 자네는 왜 벌써 자려고 하는가?" 강의실에서 쏟아지는 잠을 이겨 내기란 쉽지 않다. 수마(睡魔)라는 말도 있지 않은가? 이 마귀는 끈덕지게 사람에게 따라붙어 일단 공격이 시작되면 당해 낼 재간이 없다. 그런데 수마가 아무나 공격하는 것은 아니다. 당연히 수업 준비를 게을리해서 지금 논의되고 있는 내용을 뒤쫓아 가지 못하면 여지없이 수마가 찾아온다. 흐뭇하게 강의를 즐기는 자에게 수마가 찾아올 리 없다. 영어의 '최면 혹은 최면술'(hypnotism), '최면을 걸다'(hypnotize)와 같은 표현이 모두 희랍 신화의 히프노스에서 왔다.

살아 있는 한에서는 아직 타나토스와 히프노스의 전적인 지배 아래 있는 것이 아니지만, 죽음을 맞이하는 순간부터는 타나토스와 히프노스 형제의 주관에 따른다. 사실 우리는 많은 타인의 죽음을 지켜보지만 정작 자신의 죽음을 지켜볼 수는 없다. 통상적으로 보아서 살아서는 죽음을 체험할 수 없고, 죽어서는 삶을 체험할 수 없다. '삶'과 '죽음'은 개념 상 상호 배척적 (exclusive)이요, 논리적으로는 '반대'(contrary)가 아니라 '모순'(contradictory)이다. 예외적으로 '임사 체험'(臨死體驗, near-death experience)과 같은 특수한 경우도 있기는 하지만 이를 일반화시키기에는 어려움이 있다. 이런 점에서 동서양이 공통적으로 '죽음'과 '잠'을 연관시킨다는 것은 별로 특이할 게 없는 일이다. "잠은 작은 죽음이다." 살아 있는 우리가 '죽음'을 이해하는 좋은 통로가 '잠'이다. 죽음을 매일 체험할 수는 없지만, 잠은 매일 잔다. 우리는 익숙한 잠을 통해서 불가해한 죽음을 미루어 짐작하려 애쓴다. "죽음은 깊은 잠이다." 박범신의 소설 제목 〈죽음보다 깊은 잠〉은 이런 생각에서 나온 모양이다.

타나토스 속여 넘기기

죽음의 신 타나토스는 더러 인간을 죽음의 세계로 끌고 가는 저승사자 역할을 하기도 한다. 누구에겐들 죽음이 기꺼운 일이겠는가. 꾀 많은 이라면 타나토스를 속여서 죽음을 모면하겠다는 생각을 품음 직하다. 신화에서 이런 생각을 실천으로 옮긴 자가 시시포스(Sisyphos)이다. 『일리아스』에서 시시포스는 '가장 교활한 자'로 표현된다. 타르타로스(Tartaros)에 갇혀 산 아래로 굴러 떨어지는 엄청나게 큰 바위를 끊임없이 위로 밀어 올리는 벌을 수행한다는 '시시포스의 고역'(苦役)은 카뮈(Albert Camus, 1813-1960)의 재해석으로 더욱 유명해졌다. 시시포스의 벌을 불러오는 악행은 여러 가지이지만 결정적인 것은 제우스의 전매특허인 은밀한 연애 행각을 망쳐 놓은 죄이다. 매일매일 이 바람피우기 좋은 날인 제우스가 강의 신 아소포스(Asopos)의 딸 아이기나 (Aigina)를 납치한다. 아버지 아소포스는 백방으로 딸을 찾아다니다가 절망에 빠지게 되고 마침내 영리하기로 소문난 시시포스를 찾아가 도와줄 것을 간청한다. 시시포스는 코린토스의 광장에 있는 페이레네 샘을 마르지 않게 하는 방법을 가르쳐 주는 조건으로 자신이 알고 있는 것을 모두 아소포스에게 털어놓는다. 아소포스는 시시포스의 정보대로 무장을 해제한 채 딸과 함께 있는 제우스를 기습해서는 창을 던진다. 물론 제우스는 자신의 장기인 변신술을 써서 바위로 바뀌어 창을 튕겨 내고는 달아날 수 있었다. 화가 난 제우스는 저승의 신 하데스(Hades)에게 시시포스를 지하 세계에서도 가장 깊은 곳인 타르타로스에 가두라고 명령한다. 시시포스를 데려오는 일은 당연히 타나토스의 임무였다. 그러나 꾀 많은 시시포스가 순순히 붙들려 갈 리가 없다. 그는 타나토스를 속여 넘겨서는 쇠사슬로 묶어 놓는 데에 성공한다. 타나토스가 제 임무를 수행할 수 없게 된 것이다. 이렇게 되자 사람들이 더 이상 죽지 않게 되어 지상에는 사람들로 넘쳐 나게 되었다. 사태의 심각성을 깨달은 신들이 급기야 전쟁의 신 아레스(Ares)를 보내 타나토스를 구출하고 시시포스를 제압한다. 그러나 이야기는 이것으로 끝나지 않는다. 호메로스가 시시포스를 괜히 '가장 교활한 자'로 부른 게 아니다. 시시포스는 죽으면서 아내에게 자신의 장례를 치르지 말라고 당부한다. 저승에 끌려간 시시포스는 지하 세계의 왕비 페르세포네(Persephone)에게 아내가 장례를 치러 주지 않는다고 하소연 한다. 그리고는 자신을 잠시만 집으로 돌려보내 주면 아내를 꾸짖어 제대로 장례를 치르게 하고 돌아오겠노라고 맹세한다. 페르세포네는 그의 간청을 너그럽게 받아들여 지상으로 돌려보낸다. 그러나 시시포스에게 지하 세계로 되돌아간다는 생각은 애당초 없었다. 결국 교활함에서 시시포스를 당해 낼 수 있었던 유일한 상대인 헤르메스(Hermes)가 나서서야 비로소 그를 타르타로스에 완전히 가둘 수 있었다. 그리고 타르타로스에서 시시포스를 기다리고 있는 것이 바로 저 유명한 영원히 굴러떨어지는 바위였다. 어떤 잔꾀로도 죽음을 면할 수 없다.

저승 세계의 묘사

하데스(Hades)는 제우스와 형제간으로 지하 세계를 관장하는 신을 의미하기도 하고, 지하 세계, 곧 저승 세계를 가리키기도 한다. 희랍어로는 Haidēs 혹은 Aïdēs로 표기하는데, '보이지 않는 세계'를 뜻한다. 저 유명한 '기게스의 반지'[20]와 짝을 이루는 '하데스의 모자'(Aidos Kynē)[21]는 그걸 쓰면 '보이지 않게 하는 모자'이다. 발달된 과학 기술이 투명 망토를 현실화할 수도 있을 것이라는 전망이 나온다는데, 이 '하데스의 모자'가 그런 발상의 효시라고 할 것이다. 신화의 사고방식으로는 죽은 자들은 지하 세계에서 그림자로서 그 존재를 이어 간다. 아킬레우스는 지하 세계의 그림자가 되느니 차라리 이승에서 굴욕적인 노예로 살아가는 것이 더 낫다고 말한다.

저승 세계는 대지의 아래에 있으면서 대지가 새로운 생산의 힘을 길러 내는 원천이기도 하다. 그래서 하데스는 플루톤(Plouton, 로마 신화 Pluto)이라고도 불리는데, 이는 '부의 창조자', '풍요'라는 뜻이다. 지하 세계의 안주인은 하데스의 아내 페르세포네(Persephone, 로마 신화 Proserpina)이다. 그녀는 어머니 데메테르(Demeter)와 함께 다산의 여신이기도 하다. 페르세포네는 하데스의 형 제우스와 데메테르 사이에 태어난 딸이다. 하데스는 니사 계곡에서 꽃을 따고 있는 페르세포네를 납치하여 아내로 삼았다.[22] 바로크 조각가 베르니니(Gian Lorenzo Bernini, 1598-1680)는 이 주제를 대리석에 정교하게 표현해 냈다. 딸을 저승 세계로 시집보내고 싶지 않았던 어머니 데메테르는 하데스와 제우스에게 딸을 돌려 달라고 요구한다. 하데스가 요구에 응하지 않자 데메테르

───── 프로세르피나의 납치
로렌초 베르니니, 1621-1622년, 로마 보르게세 미술관, 출처: 위키피디아.

는 올림포스로 돌아가기를 거부한다. 그녀가 곡식의 생장을 돌보지 않자 세계는 심각한 기근에 빠진다. 그러자 인간의 희생 제물이 끊길까 우려한 제우스는 자신과 데메테르의 어머니 레아(Rhea)에게 중재를 부탁한다. 이 레아의 중재안이 페르세포네의 운명이 되고 만다. 즉 페르세포네는 한 해의 3분의 1은 지하 세계에서 남편과 함께 지내고, 3분의 2는 지상 세계에서 어머니와 함께 지낸다. 페르세포네가 지하 세계에 머무는 동안 식물은 생장을 멈춘다.

지하 세계의 가장 깊은 곳, 심연은 타르타로스(Tartaros, 로마 신화 Tartarus 혹은 Orcus)이다. 헤시오도스는 『신통기』에서 타르타로스의 깊이는 하늘에서 대지에 이르는 거리만큼이나 깊다고 묘사한다. "청동 모루를 하늘에서 떨어뜨리면 아홉 낮과 아홉 밤이 지나고 열흘째 되는 날에야 땅에 이를 수 있다. 마찬가지로 청동 모루를 땅에서 지하 세계로 떨어뜨리면 아홉 낮과 아홉 밤이 지나고 열흘째 되는 날에야 타르타로스에 도달할 수 있다." 무서운 싸움 끝에 올림포스 신들에게 패배한 티타네스(Titaness)들은 타르타로스에 내던져졌다. 그들은 그곳에서 영원히 감금된다. 인간들 중에서도 가장 사악한 자들의 그림자는 이 타르타로스로 보내진다.

헤르메스가 스틱스(Styx)나 아케론(Acheron) 강가까지 죽은 자의 영혼을 인도해 오면 뱃사공 카론(Charon)이 강을 건네준다. 카론은 통상 성미 고약한 노인으로 형상화된다. 희랍 사람들은 카론에게 지불할 뱃삯인 오볼로스(obolos)라는 동전을 죽은 자의 혀 밑에 넣어 주었다. 저승 세계의 노잣돈인 셈이다. 스틱스 강과 아케론 강 건너편에는 머리는 50개요 꼬리는 뱀인 지옥의 개 케르베로스(Kerberos)가 파수를 선다. 케르베로스는 산 자가 들어가거나 죽은 자가 나가지 못하도록 엄중히 지키고 서 있다. 스틱스 강이 이 세계와 저 세계, 이승과 저승, 산 자의 세계와 죽은 자의 세계, 이 언덕[此岸, this world, diesseits]과 저 언덕[彼岸, that world, jenseits]의 경계이고, 산 자가 저 세계로 들어갈 수도 없고, 죽은 자가 이 세계로 나올 수도 없다. 물론 예외 없는 원칙은 없다. 이로부터 많은 이야기가 쏟아져 나온다.

저승 다녀온 이야기

산 사람이 저승 세계로 들어갔다가 무사히 빠져나온 예외적인 경우가 있다. 저승 입구의 몇 겹의 철옹성 장치도 완벽하지는 않았다. 헤라클레스 (Herakles)는 저승의 파수꾼 케르베로스를 잠시 동안이지만 밝은 세상으로 끌고 나온 적도 있었다. 그는 하데스에게 붙잡혀 있던 테세우스(Theseus)를 풀어주기도 했다. 테세우스는 페르세포네를 납치하려고 저승 세계에 찾아들었다가 하데스에 의해 의자에 결박당한 채 꼼짝 못하는 신세가 되어 있었다.

아름답고도 안타까운 저승 방문기는 단연 오르페우스(Orpheus)와 에우리디케(Eurydike) 이야기이다. 오르페우스는 저승 세계의 지배자 하데스와 페르세포네의 마음을 움직여 아내 에우리디케를 이 어둠의 세계로부터 데리고 나가도록 허락받는다. 여기에 붙은 단 한 가지 조건은 결코 뒤돌아보지 말아야 한다는 것이었다. 저승 입구에 거의 다 와서 오르페우스는 너무도 아내가 보고 싶은 나머지 그만 뒤돌아보게 되고, 아내는 다시 저승으로 끌려들어가고 만다.[23]

오디세우스 역시 저승 세계로 들어갔다가 되돌아 나오는 행운을 누린다. 그가 위험을 무릅쓰고 지하 세계로 들어간 것은 단순한 호기심에서가 아니다. 이미 저승에 가 있는 예언자 테이레시아스(Teiresias)만이 그가 고향 이타

——— 지하 세계를 떠나는 오르페우스와 에우리디케
장 라우, 1718-1720년으로 추정, 출처: 위키피디아.

카로 돌아갈 수 있는 방법을 알려줄 수 있다고 키르케가 말해 준다. 그는 키르케가 알려준 대로 가지고 온 양 두 마리를 하데스와 페르세포네에게 희생 제물로 바친다. 그러자 죽은 자들의 그림자가 땅속 깊은 곳으로부터 찾아 올라온다. 오디세우스는 테이레시아스를 만나 원하는 이야기를 충분히 듣는다. 그는 그 외에도 어머니 안티클레이아, 암피트리온의 아내 알크메네, 오이디푸스의 어머니 이오카스테, 헬레나, 디오스쿠로이의 어머니 레다, 테세우스에게서 버림받은 아리아드네 등을 만난다. 트로이전쟁의 동료들인 아가멤논과 아킬레우스도 오디세우스를 만나 대화를 나눈다.

또 다른 트로이의 영웅 아이네이아스(Aineias)도 저승 세계를 다녀온 이의 목록에 이름을 올린다. 그는 죽은 아버지를 만나려고 저승 세계를 여행하며, 거기에서 옛 연인 디도의 그림자와 마주친다.

탄탈로스의 고통과 죽음의 공포

신의 분노를 불러일으켜 지하 세계에 유폐된 이들 가운데 가장 끔찍한 고통을 겪은 경우는 단연 탄탈로스(Tantalos)이다. 리디아의 왕인 탄탈로스는 인간이지만 신들과 교제하고는 그들과 동류인 것처럼 행동했다. 올림포스를 드나들며 암브로시아와 넥타르를 즐기더니 여기에서 그치지 않고 이것들을 훔쳐서는 지상으로 가져오기도 했다. 급기야 그는 신들을 두려워하지 않게 되었고 신들을 속이는가 하면 거짓 맹세를 일삼았다. 신들의 능력을 시험대에 올려 신들을 욕보이려고 그는 끔찍한 계획을 꾸며 냈다. 자신의 아들 펠롭스를 토막내 요리한 후 그 고기를 신들에게 음식으로 내놓은 것이다. 대부분의 신들은 이 요리의 정체를 간파했다. 다만 딸 페르세포네로 인한 슬픔 때문에 딴 곳에 정신이 팔린 데메테르 여신이 무심코 펠롭스의 어깨 조각을 먹어 버렸다. 신들은 펠롭스의 살과 뼈를 다시 맞추고 그에게 생명을 불어 넣어 줌으로써 탄탈로스의 죄 없는 아들을 원래대로 되돌려 놓았다. 데메테르는 자신이 먹어 버린 어깨 조각을 상아로 대신 만들어 끼워 넣었다.[24]

이제 탄탈로스가 자신의 행위에 대한 대가를 치를 일만 남았다. 분노한 신들은 탄탈로스를 지하 세계의 어느 호수 한가운데에서 목만 내밀고 있게 하고는 타는 듯한 갈증을 느껴도 그 많은 호숫물을 단 한 방울도 마시지 못하게 하는 벌을 내렸다. 턱 바로 아래까지 물이 차오르지만 그가 물을 마시려고 고개를 숙이는 순간 호숫물은 어김없이 아래로 내려가 바닥이 드러날 때까지 완전히 말라 버린다. 그는 갈증의 고통 못지않게 배고픔의 고통에도 시달려야 했다. 그의 눈앞에는 먹음직스러운 과일이 주렁주렁 매달린 나뭇가지가 드리워져 있다. 그런데 그가 이 탐스러운 과일을 향해 손을 뻗자마자 바람이 불어와 나뭇가지를 위로 끌어올린다. 그는 결코 그 과일을 손에 넣을 수 없다.

타는 듯한 목마름과 쓰라린 배고픔도 죽음의 공포에 비하면 아무것도 아니다. 탄탈로스에게 내려진 가장 큰 형벌은 공중에 떠 있는 커다란 바위 아래에서 그 위험을 견디는 일이다. 금방이라도 무너져 내려 그를 박살낼 듯한 큰 바위 아래에서 죽음의 공포와 싸워야 한다.

5. 희랍 철학에서의 죽음

재판정에 세워진 소크라테스

27년에 걸친 아테네와 스파르타 사이의 주도권 다툼인 펠로폰네소스전쟁은 기원전 404년에 아테네의 패배로 끝난다. 전쟁의 종결과 함께 아테네에서는 전승국 스파르타의 후원을 받는 과두 세력이 정권을 잡는다. 처음에는 51인이 전면에 나섰는데, 그들 중 30인이 온 나라를 통치하는 절대권을 행사하는 자들로 등장한다. 이 과두 정권 아래에서 소크라테스는 중대한 신변의 위기를 가까스로 모면한다. 이 정권은 소크라테스를 그가 원하든 원하지 않든 자기들이 하는 일에 끌어들이려 했다. 그들은 민주파인 레온(Leon)이라는 시민을 강제로 연행하기 위해 다른 몇몇 사람들과 함께 소크라테스를 보내려 했다. 그러나 소크라테스는 올바르지 못한 일에 협조하기보다는 차라리 무슨 고난이든 겪는 쪽을 택한다. 30인 과두 정권이 곧 붕괴되지 않았다면 소크라테스는 그때 재판정에 세워졌을 것이다. 그러나 이 정권은 한 해를 채우지 못하고 기원전 403년에 트라시불로스(Thrasyboulos)가 이끄는 민주파에 의해 무너진다.

민주 정권 아래에서는 국사를 다룰 500인의 평의회 의원들이 추첨으로 선출되었다. 법정도 해마다 뽑힌 6천 명의 명단에서 그때마다 추첨에 의해 다시 뽑힌 재판관들로 구성되었다. 소크라테스는 기원전 399년 민주파 정권 아래에서 법정에 세워진다. 그는 민주파가 과두파에 밀려 해외에 망명해 있던 불행한 시절에 당시 민주파의 한 사람에 대한 부당한 연행에 가담하라는 명령을 목숨 걸고 거부한 사람인데도 말이다.

소크라테스의 재판이 벌어질 당시 스물여덟 살이던 플라톤은 스승이 재판을 받고 처형되는 과정을 생생한 기록으로 남겼다. 우선 소크라테스의 법정 연설을 『소크라테스의 변론』(Apologia Sokratous)이라는 제목으로 재현해 보이고, 사형선고를 받고 감옥에 갇혀 지내면서 탈옥을 권유하는 친구이자 제자인 크리톤과 나눈 대화를 담은 『크리톤』(Kriton), 사형이 집행되는 날 있은 마지막 대화와 죽음을 맞는 모습을 그려 보이는 『파이돈』(Phaidon)이 있다. 이 세 대화편은 '소크라테스의 최후'를 그리는 3부작(trilogy)으로 알려져 있다. 그런데 시간적 흐름으로 보자면 또 하나의 대화편이 있다. 그러니까 불경죄로 고소되어 재판을 받으러 법정으로 가던 소크라테스는 자신의 아버지를 불경죄로 고소한 에우티프론을 만나고 '경건함이란 무엇인가'를 두고 대화한다. 이 대화를 담은 것이 『에우티프론』(Euthyphron)이다. 방금 든 세 대화편 앞에 『에우티프론』을 추가하면 소크라테스의 재판에서 죽음까지를 시간의 흐름에 따라 보여주는 4부작(tetralogy)이 된다.

구차하게 변론해서 사느니 당당하게 변론하고 죽는다

'아테네가 인정하는 신을 믿지 않고 새로운 신을 끌어들인다'는 것과 '아테네 청년들을 부패·타락시킨다'는 두 가지 죄목으로 고발된 소크라테스가 법정에 선다. 기원전 399년 그의 나이 칠십 세의 일이다. 아테네에서는 민사 소송(dike 혹은 idia dike)의 경우는 200명 혹은 400명 배심단에 의해, 형사 소송(graphe 혹은 demosia dike)의 경우는 500명 또는 그 이상의 배심단에 의해 재판이 진행되었다. 기원전 4세기에는 가부 동수(同數)를 피하기 위해 201, 401, 501명의 배심단이 꾸려지기도 한 것으로 알려져 있다. 소크라테스의 재판은 고소에 의한 형사 소송에 해당되기에 배심단 규모가 500 혹은 501명 이었을 것이다.

당시의 재판은 크게 두 부분으로 나뉘어 있었다. 재판의 전반부에서는 유죄와 무죄를 가리고 후반부에서는 형량을 결정했다. 물론 전반부에서 무죄가 결정되면 재판은 그것으로 끝나고, 유죄로 결정되는 경우에는 후반부 재판이 속개된다. 먼저 원고와 피고가 유죄 여부를 놓고 다툰다. 원고인 아니토스(Anytos), 멜레토스(Meletos), 리콘(Lykon)의 고소에 대해 피고인 소크라테스가 반론을 펼친다. 이 1부 재판의 끝에 배심단이 투표로 유·무죄를 가리는데, 그 결과는 500명 규모 배심단이라면 280 : 220, 501명 규모 배심단이라면 280 : 221로 유죄 확정이다. 이런 결과를 두고 소크라테스는 언짢아하지도 않고 오히려 근소한 표 차이에 놀랐다고 말한다. 그러니까 30표만 옮겨 갔다면 무죄 방면되었을 것이라는 것이다. 이 결과만으로도 자신은 적어도 멜레토스로부터는 무죄방면된 것이라고 한다. 만일 아니토스와 리콘이 가세하지 않았다면 명목상의 고소자인 멜레토스가 1,000드라크메를 물게 되었을 것이라고도 한다. 당시 제도로는 고소의 남발을 막기 위한 장치로서 원고가 총 투표수의 1/5을 얻지 못하면 1,000드라크메의 벌금을 물도록 되어 있었다. 세 사람의 표 합계가 280이니까 한 사람이 1/5인 100표를 넘지 못한 것을 지적한 것이다.

이제 형량을 정하는 2부 재판이 이어진다. 원고가 먼저 합당한 형량을 제시한 다음 피고가 자신의 형량을 제시하면 재판관들이 역시 투표로 두 형량 가운데 하나를 결정한다. 원고 측이 제시한 형량은 사형이다. 소크라테스는 1므나의 벌금형을 제시한다. 그러자 그런 정도의 벌금형을 제의하다가는 극히 불리해지리라고 판단한 소크라테스의 친구들과 제자들이 그를 설득해 30므나의 벌금형으로 형량을 올리게 하고 이 금액에 대한 보증을 자처한다. 그렇지만 사형이라는 극형에 비하면 30므나 벌금형은 여전히 비교 대상이 되지 못한다. 무엇보다도 상황이 불리해진 결정적인 이유는 소크라테스가 형량에 대한 표결에 앞선 발언에서 재판관들에게 선처를 구하기보다는 자신이 받아 마땅한 것은 벌이 아니라 오히려 상이라고 주장한 것이다. 그는 자신은 평생 아테네를 위해 살아왔으므로 외국 국빈이 무료로 숙식을 제공받는 영빈관(迎賓館, prytaneion)에서 지내는 상을 받아야 한다는 것이다. 이런 발언이 재판관들의 비위를 건드린 탓인지 형량 판결에서는 유죄판결 때보다 80명이 많은 수의 배심원이 사형에 표를 던졌다. 결국 500명 규모 배심단이라면 360:140, 501명 규모 배심단이라면 360:141로 사형이 확정된다.

플라톤이 재현해 보이는 『소크라테스의 변론』(Apologia Sokratous)은 이 같은 재판 진행 순서에 따라 세 부분으로 구성된다. 이 작품의 첫 번째 부분에서 소크라테스는 멜레토스 등의 고소 내용을 조목조목 반박하면서 자신의 사명이 무엇이며 자신이 소피스테스(sophistes)와 어떻게 다른지를 역설한다. 이어서 『소크라테스의 변론』 두 번째 부분에서 소크라테스는 유죄판결이 내려진 뒤에도 소신을 굽히지 않고 실상 자신에게 어울리는 것은 벌이 아니라 상이지만 굳이 형량을 제시하라면 자신에게는 돈이 없으니 1므나의 벌금형을 제의하겠다고 한다. 마지막으로 세 번째 부분에서는 사형이 확정되고 나서 재판관과 방청객을 향해 장엄한 고별사를 던진다. 그는 그때까지 재판관들을 호칭할 때 '아테네 사람들이여'라고 불렀는데, 이때부터는 '재판관들이여'라고 부르면서 자신의 무죄 쪽에 표를 던진 사람들이야말로 재판관이라고 정당하게 불릴 수 있는 사람들이라고 한다. 소크라테스의 고별사는 다음과 같은 의미심장한 말로 끝난다. "이제 시간이 되어 떠날 때가 되었습니다. 나는 죽으러 가고 여러분은 살러 갑니다. 우리들 중 어느 쪽이 더 좋은 제비를 뽑았는지는 신을 제외하고는 아무도 모릅니다."

소크라테스는 자기 철학의 순교자였다. 진정한 철학자는 자신의 철학대로 살고, 나아가 그 철학을 위해 목숨을 던지기도 한다. 반면에 과학자가 자기 이론을 위해 목숨을 버리기까지 할 이유는 그리 크지 않다. 과학자는 자기 이론을 위해 기꺼이 죽기보다는 다수의 오해에도 불구하고 연구를 계속하는 쪽이 오히려 인류에게 도움이 될 것이다. 우리는 소크라테스가 독미나리 즙으로 만든 독약을 마시고 숨을 거둔 지 2001년이 지나 또 한 명의 철학 순교자를 보게 된다. 갈릴레이(Galileo Galilei, 1564-1642)는 종교재판을 받게 되자 지구가 태양 주위를 돈다는 주장을 철회하고 재판정을 걸어 나오면서 "그래도 지구는 돈다."고 중얼거렸다고 전해진다. 같은 시기의 철학자 브루노(Giordano Bruno, 1548-1600)는 지구가 돈다는 자신의 주장을 굽히지 않아 7년간의 옥고를 치르면서 온갖 고문을 당했다고 한다. 그는 이름도 아름다운 로마의 '꽃의 광장' 장작더미 위에서 화형당하고 만다.

지금 로마의 현장에는 브루노를 기리는 작은 팻말 하나가 서 있다. 소크라테스가 독배를 들이키고 자신의 철학을 위해 순교한 지 이천 년 뒤의 일이다. 브루노가 사형 선고를 받고 남긴 마지막 말은 『소크라테스의 변론』의 마지막 문장들과 그 당당함에서 너무도 닮았다. "사형선고를 받은 나보다도 그것을 내리는 그대들이 더 두려움에 떤다는 것을 나는 안다." 1899년 여러 지식인들이 사상의 자유를 위해 순교한 브루노를 기리며 그가 화형당한 로마 캄포 데 피오리 광장에 동상을 건립했다. 이 일에 힘을 보탠 이들로는 프랑스 작가 빅토르 위고(Victor Hugo), 노르웨이 작가 헨리크 입센(Henrik Ibsen), 러시아의 무정부주의자 미하일 바쿠닌(Mikhail Bakunin) 등을 들 수 있다. 당시 교황 레오 13세는 이에 분개하여 노구를 이끌고 항의의 금식 기도를 했다고 한다. 브루노의 동상에는 이런 글귀가 새겨져 있다.

> "브루노에게
>
> 그대가 불에 태워짐으로써 그 시대가 성스러워졌노라."

죽음을 두려워하는 것은 현명하지 않으면서 현명하다고 생각하는 것

죽음보다 먼저 고려해야 할 것은 수치스러움(to aischron)이다. 죽음도 또는 그 밖의 어떤 것도 수치스러움에 앞서 고려해서는 안 된다.[25] 수치스럽게 목숨을 부지하느니 차라리 죽는 편이 더 낫다. 죽음을 피하는 것이 어려운 것이 아니요 비천함(poneria)을 피하는 것이 훨씬 더 어려운 일이다. 비천함이 죽음보다도 더 빨리 내닫기 때문이다.[26]

죽음을 두려워한다는 것은 현명하지도 않으면서 현명하다고 생각하는 것 이외의 아무것도 아니다. 그것은 자신이 알지 못하는 것들을 안다고 생각하는 것과 다를 바 없다. 아무도 죽음을 알지 못한다. 인간은 죽음이 좋은 모든 것들 가운데 으뜸가는 것인지 모르면서 마치 그것이 나쁜 것들 가운데 으뜸가는 것이라는 것을 잘 알기라도 하는 듯 두려워한다. 이것이야말로 자기가 알지 못하는 것들을 안다고 생각하는 무지이다. 소크라테스는 자기가 다른 사람들보다 더 지혜롭다고 말할 수 있는 것은 바로 죽음에 대해 잘 알지 못하면서 잘 알지 못한다고 생각한다는 점 때문이라고 말한다. 죽음에 대해서 잘 알지 못하는 것은 소크라테스든 다른 어떤 이든 매한가지인데, 소크라테스는 잘 알지 못한다고 생각하는 반면 다른 이들은 잘 안다고 생각한다는 것이다. 죽음에 대해 잘 모른다는 것을 아는 이는 죽음에 대해 잘 모른다는 것도 모르는 사람에 비하면 비교할 수 없을 만큼 지혜롭다.[27]

'다이모니온의 소리'는 죽음을 피하라고 말하지 않았다

소크라테스에게 적용된 두 가지 죄목 가운데 하나인 '아테네가 인정하는 신들을 믿지 않고 새로운 신들을 끌어들인다'는 것은 종교적 영역의 사안이다. 그런데 이런 고발의 빌미가 된 것은 소크라테스가 자주 듣는다고 토로한 '다이모니온의 소리'이다.[28] 멜레토스의 고발장에도 조롱하는 투로 적혀 있다고 한다. 우선 명사 다이몬(daimon)은 '수호신', '신령', '정령', '수호 정령'을 가리킨다. 다이모니온(daimonion)은 형용사로서 중성 관사 토(to)와 함께 쓰여 명사화된다. 그래서 '토 다이모니온'(to daimonion)은 '영적인 것'을 뜻한다. 그런데 이 '토 다이모니온'은 '일종의 소리'로 나타난다고 한다.[29]

'토 다이모니온'은 플라톤의 여러 대화편들에서 다양한 형태로 변주되어 나타난다.

> 『소크라테스의 변론』 31c-d: 일종의 신적이며 영적인 것(theion ti kai daimonion)
>
> 『소크라테스의 변론』 40b: 신의 신호(to tou theou semeion)
>
> 『소크라테스의 변론』 40c: 익숙한 신호(to eiothos semeion)
>
> 『국가』 496c: 영적인 신호(to daimonion semeion)

『파이드로스』 242b-c: 영적인 것과 익숙한 신호(to daimonion te kai to eiothos semeion)

『테아이테토스』 151a: 영적인 것(to daimonion)

『에우티데모스』 272e: 익숙한 영적인 신호(to eiothos semeion to daimonion)

   소크라테스 스스로 '다이모니온의 소리'를 두고 『소크라테스의 변론』에서 다음과 같이 말한다. 첫째, 이것은 그가 어릴 적부터 시작되었다. 둘째, 언제나 그가 하려고 하는 것을 하지 말도록 말리지 결코 적극적인 권유를 하는 일이 없다.[30] '다이모니온의 소리'가 무엇인가를 하지 말라고 만류하기는 해도 무엇인가를 하라고 권유하거나 명령하는 일은 없다는 데에 대해서는 논란이 있다. 어떤 곳에서는 '일종의 영적인 반대'(ti daimonion enantioma)라는 표현도 보인다.[31] 그러나 예컨대 『에우티데모스』에서 탈의실에 혼자 앉아 있다 막 일어나 나가려던 소크라테스가 익숙한 영적인 신호를 받고 다시 자리에 앉는 것으로 묘사된다. 램(W.R.M. Lamb)은 바로 이 대목을 두고 플라톤은 '다이모니온의 소리'가 항상 무엇인가를 하지 말라는 부정적 양태로 나타난다고 하지만 크세노폰(Xenophon)이 꼭 그렇지만은 않고 긍정적 양태로 나타나는 경우도 있다고 주장할 만한 근거가 된다고 말한다.[32] 『테아이테토스』에서도 영적인 것이 어떤 이들과의 교제는 금하고 어떤 이들과의 교제는 허락한다고 한다. 그렇다면 적어도 '다이모니온의 소리'를 둘러싸고는 금지하기만 하지 권유하는 일은 없다는 플라톤의 견해보다는 양쪽 모두를 인정하는 크세노폰의 견해가 더 그럼직하다고 하겠다. 어쩌면 '다이모니온의 소리'가 주로 무엇인가를 하지 말라는 부정적 양태를 보이는 것이 사실이더라도 더러는 무엇인가를 하라고 긍정적으로 권유하기도 한다는 것으로 이해하는 것이 옳을 것 같다.

소크라테스가 자주 들었다는 '다이모니온의 소리'가 과연 무엇을 가리키는지에 대해서는 크게 의견이 갈린다. 흔히 '신의 소리'나 '양심의 소리'로 보는 데에 대해 고트프리트 마르틴(Gottfried Martin)은 반대 의견을 개진한다. 마르틴은 감옥에 갇힌 소크라테스가 도망가야 하는지, 도망가도 좋은지 하는 것은 전적으로 통찰과 신념에 달려 있는 문제로 본다. 마르틴에 따르면『크리톤』에서 소크라테스는 괴로운 심정으로 자신에게 동의하는 크리톤과 스스로를 다음과 같은 통찰로 이끄는데, 그 통찰이란 도망가서는 안 된다는 것이다. 마르틴이 보기에는 바로 여기에서 모든 윤리적으로 중대한 사안들에서는 통찰만이 중요하다는 소크라테스의 기본 확신이 분명해진다고 한다. 이런 점에서 볼 때 '다이모니온의 소리'를 '신의 소리'나 '양심의 소리'로 보기 어렵고, 소크라테스를 근본적으로 그리고 본질적으로 규정하고 있는 것은 '다이모니온'이라기보다는 '로고스'라는 것이다.[33] 그러나 마르틴의 견해에 대해서 '다이모니온'과 '로고스'를 과도하게 대비시키면서 '다이모니온'의 중요성을 크게 약화시킨 것이라는 비판을 가할 수 있겠다. '다이모니온'을 아주 분명하게 이해하기 어려운 것은 사실이지만 소크라테스가 자주 들었다고 고백하는 이것을 사소한 것으로 치부해서는 안 될 것이다.

『소크라테스의 변론』 40a 이하에서 사형 판결을 받은 소크라테스는 평소 무엇인가 옳지 않은 일을 하려 할 때면 '다이모니온의 소리'가 끈질기게 만류하곤 했는데 나쁜 것의 극치라 할 만한 일이 벌어진 이날은 그런 일이 일어나지 않았다고 말한다. 이날 재판을 받으러 이른 아침에 집을 나설 때에도, 재판정에 오를 때에도, 법정 연설을 할 때에도 그러지 않았다는 것이다. 만일 죽음이 나쁜 것이라면 사형 판결에 이르는 여러 대목에서 '다이모니온의 소리'가 소크라테스의 행동을 반대했을 것이라고 한다. 그런데 '다이모니온의 소리'가 잠자코 있다는 것은 죽음을 나쁘게 여겨 피할 일이 아니라는 증거라고 한다. 결국 소크라테스가 순순히 법정에 출두해서 재판을 받고 사형 선고를 받은 것은 '다이모니온의 소리'에 귀 기울인 결과이기도 한 것이다.

죽음은 좋은 것일 가망이 크다

법정에서 사형이 확정되고 나서 하게 되는 고별사에서 소크라테스는 죽음이 둘 가운데 하나라고 말한다.[34] 첫째, 죽음은 그 어떤 것에 대해서도 감각(aisthesis)을 갖지 않는 무(無, meden)이다. 그것이 아니라면 죽음은 둘째, 전해지는 말마따나 일종의 변화(metabole)요 혼이 이곳에서 다른 곳으로 이주(metoikesis)하는 일이다. 그런데 소크라테스는 두 경우 가운데 어느 쪽이든 죽음은 이득이 된다고 한다. 먼저 첫 번째 경우, 죽음이 아무 감각도 없는 전적인 무(無)일 경우를 생각해 보자. 만일 죽음이 아무 감각도 없는 잠(hypnos)과 같은 것이라면, 누군가 자면서 꿈조차 전혀 꾸지 않을 때와 같다면, 죽음은 놀라운 이득일 것이다. 누군가 꿈조차 꾸지 않을 정도로 깊은 잠에 빠졌던 밤을 골라내어 자기 생애의 다른 밤낮과 견주어 보고서, 자기 생애에서 이 밤보다 더 훌륭하고 달콤하게 산 낮과 밤이 얼마나 되는지 따져 보고 말하게 된다면, 평범한 사람뿐만 아니라 세상 사람들이 모든 것을 다 가졌다고 여기는 저 페르시아 대왕조차도 이런 밤이 손에 꼽을 정도라는 것을 알게 될 것이다. 그러므로 죽음이 이런 것이라면 이득일 것이다. 이처럼 시간 전체도 단 하룻밤보다 전혀 더 길 것이 없어 보인다.

이제 두 번째 경우, 그러니까 일종의 변화로서 혼의 이주일 경우는 어떤가? 죽음이 이곳에서 다른 곳으로 떠나가는 것(apodemein, apodemia)이요 죽은 자들이 전해 오는 말처럼 모두 거기에 있는 것이 사실이라면 이보다 더 좋은 일은 없을 것이다. 그러니까 재판관들이라고 주장하는 이곳 사람들에게서 벗어나 하데스(Hades)에 이르러 그곳의 진짜 재판관들인 미노스(Minos), 라다만티스(Rhadamanthys), 아이아코스(Aiakos), 그리고 또 트리프톨레모스(Triptolemos) 및 살아가는 동안 정의로웠던 반신반인(半神半人)들을 보게 된다면 이 떠나감은 보잘것없는 것이 아니다. 또 오르페우스(Orpheus), 무사이오스(Mousaios), 헤시오도스(Hesiodos), 호메로스(Homeros)를 만나는 것은 어떤가? 이것이 진실이라면 여러 번이라도 죽을 의향이 있다. 나 자신에게는 그곳에서 지내는 것(diatribe)이 놀랄 만한 일일 테니까 말이다. 팔라메데스(Palamedes)와 텔라몬의 아들 아이아스(Aias) 그리고 그 밖의 올바르지 못한 심판(adikos krisis)으로 인해 죽은 이들을 만나게 될 경우, 내가 겪은 일들과 그들이 겪은 일들을 견주면서 보내는 삶이 여간 즐거운 것이 아닐 것이다. 무엇보다도 좋은 것은 그곳 사람들 가운데 누가 지혜롭고 누가 스스로는 지혜롭다고 생각하지만 실은 그렇지 않은지 캐묻고 탐문하면서 지내는 일이다. 트로이아로 대군을 이끌고 갔던 오디세우스나 시시포스 혹은 그 밖에 이름을 댈 만한 수 없이 많은 남녀를 캐묻는 일이라면 얼마를 내고 이 일을 하겠는가? 이런 일은 굉장한 행복이요 거기에서는 이 일 때문에 사람을 죽이지는 않을 것이다. 그곳 사람들은 다른 점에서 볼 때에도 이곳 사람들보다 행복하지만, 특히 그들은 앞으로는 죽지도 않을 사람들이다. 그러니 죽음에 대해 좋은 기대를 가져야 한다. 다음과 같은 진실 하나에 유념해야 한다. 선량한 사람에게는 살아서나 죽어서나 어떤 나쁜 일도 없으며, 신들도 이런 사람들의 일을 소홀히 하지 않는다. 지금 소크라테스에게 벌어진 일도 저절로 일어난 것이 아니라 이제는 죽어서 골칫거리들에서 벗어나게 된 것이 더 잘된 일이라는 점이 명백하다고 한다.

다비드의 그림 〈소크라테스의 죽음〉

프랑스 화가 자크 루이 다비드(Jacqes Louis David)는 플라톤의 대화편 『파이돈』을 한 폭의 그림으로 그려 냈다. 그림 〈소크라테스의 죽음〉(The death of Socrates)은 기원전 399년 아테네의 철학자 소크라테스가 독미나리를 짜서 만든 약이 든 독배를 들이키고 최후를 맞는 장면을 그려 보인다.

소크라테스는 법정에서 사형을 선고받고 한 달 동안 감옥에 갇혀 있었다. 크세노폰이 전하는 바에 따르면 "그 판결 뒤에 그가 30일을 살아 있을 수밖에 없는 일이 일어났다. '델로스에서의 아폴론 축제'(ta Delia)가 그 달에 있었기 때문이다. 델로스에서 그 축제 사절단이 돌아오기까진 공적인 처형이 법으로 금지되어 있던 탓이다."[35] 그러니까 소크라테스의 재판이 있던 하루 전에 델로스 아폴론 축제로 가는 배의 고물을 꽃으로 장식하는 행사가 있었다. 아테네에서 델로스로 축제 사절단이 가게 된 이유를 말하자면 상당히 복잡하고 긴 신화가 필요하다.

크레타의 왕 미노스(Minos)의 아들 안드로게오스(Androgeos)가 판아테나이아(Panathenaia) 축제의 경기에 참가했다 살해되자 미노스는 아테네를 포위한다. 이 사태는 아테네가 9년마다 미혼의 젊은 남녀 일곱 쌍을 소 머리에 사람 몸을 가진 괴물 미노타우로스(Minotauros)에게 제물로 바치기로 해서 겨우 수습된다. 이후 아테네는 인신공양(人身供養)의 희생물을 바쳐야 하는 9년마다 눈물바다가 된다. 아이게우스(Aigeus) 왕의 아들 테세우스(Theseus)가 이 끔찍한 비극을 끝내고자 크레타에 건너간다. 크레타에 도착한 테세우스를 보고 미노스 왕의 딸 아리아드네(Ariadne)가 반하여 실타래를 건네준다. 미노타우로스는 미궁(迷宮, labyrinthos)에 살기에 다른 이는 한번 들어가면 도중에 길을 잃어 나올 수 없고 끝내는 미노타우로스에게 잡아먹힐 운명이 된다. 그러나 테세우스는 아리아드네가 건네준 실타래 덕분에 미노타우로스를 처치하고 무사히 되돌아 나올 수 있었다. 아테네 사람들에게 이 일은 너무도 감사하고 기쁜 일이었다. 애초에 그들은 테세우스 일행의 일이 성공하면 해마다 아폴론의 성지인 델로스에 사절단을 보내 신께 감사를 드리겠노라 서원(誓願)했었다. 아폴론에게 감사하는 일은 사절단 배의 고물에 꽃 장식을 하는 것으로 시작하여 이 배가 델로스를 거쳐 아테네로 귀환하는 것으로 끝난다. 이 일은 아테네 사람들에게는 매우 중요하고도 경건한 것이어서 이 기간 동안에는 사형 집행을 하지 않았다. 그런데 소크라테스가 사형 판결을 받은 바로 전날 사절단 배에 꽃이 장식되었고, 이 배가 30일 뒤에 아테네에 돌아온 것이다. 그래서 소크라테스는 재판을 받고 30일 동안 감옥에 갇혀 지내면서 처형을 기다려야 했다.

소크라테스가 갇혀 있는 동안 제자들은 매일 새벽 재판이 열렸던 법정에 모였다. 법정 근처에 감옥이 있었기 때문이다. 감옥이 일찍 열리지는 않았기에 제자들은 법정에서 이야기를 나누면서 감옥 문이 열리기를 기다렸다고 한다. 그러다 문이 열리면 소크라테스에게로 가서 하루 대부분을 함께 보냈다고 한다. 어느 날 저녁 감옥 문을 나서면서 제자들은 델로스에 갔던 배가 막 도착했다는 소식을 들었다. 사형 집행 정지 기간이 만료된 셈이다. 그래서 그들은 다음 날 보통 때보다 일찍 법정에 모였다. 얼마 지나지 않아 감옥을 관리하고 형을 집행하는 일을 담당한 '11인 위원회'(hoi hendeka)가 소크라테스의 결박을 풀어 주고 이날 그가 어떻게 최후를 맞게 될 것인지 지시했다고 한다.

제자들이 감옥으로 들어가자 방금 결박에서 풀려난 소크라테스 옆에서 부인 크산티페(Xanthippe)가 사내아이를 안고 앉아 있었다고 한다. 소크라테스에게는 세 아들이 있었다고 알려져 있다. 큰아들은 당시의 관행대로 외할

아버지, 그러니까 크산티페의 아버지의 이름을 딴 람프로클레스(Lamprokles)
인데, 이때 막 청년이 된 나이였다고 한다. 둘째 아들은 할아버지, 그러니까
소크라테스의 아버지의 이름을 딴 소프로니스코스(Sophroniskos)인데 아직 어
렸던 것으로 보인다.[36] 셋째 아들은 메네크세노스(Menexenos)인데 『파이돈』
60a에서 크산티페가 안고 있는 것으로 표현된 것으로 보아 아마 늦둥이였
을 것이다. 제자들이 감옥에 들어서자 크산티페는 이 사람들과의 대화도 오
늘이 마지막이라면서 울부짖는다. 그러자 소크라테스는 동년배로서 제자
이자 오랜 친구인 크리톤(Kriton)을 향해 누구를 시켜서 자기 부인을 집으로
데려가게 하라고 당부한다. 크리톤의 집안사람들이 소리를 지르고 가슴을
치는 크산티페 일행을 감옥 밖으로 인도하자 소크라테스는 침상에 앉은 채
로 다리를 굽히고 손으로 문질렀다고 한다. 이로부터 해 질 녁 형이 집행될
때까지 '혼의 불멸'을 둘러싼 사제 간 마지막 대화가 진행된다.

　다비드의 그림은 소크라테스의 마지막 모습을 인상적으로 묘사한다. 우
선 그림의 복판에 소크라테스가 침상에 걸터앉아 있다. 침상 아래에는 평
소 그의 팔목과 발목에 채워져 있었을 쇠사슬이 보인다. 그는 오른발은 침
상 위에 걸쳐 놓고, 왼발은 침상 아래로 떨어뜨린 자세를 취한다. 왼발 아래
에는 디딤판 구실을 하는 나무토막이 보인다. 소크라테스의 키가 크지 않
다고 전해지는 점을 다비드는 놓치지 않은 것 같다. 작은 키의 소크라테스
가 침상에 걸터앉아 한쪽 다리를 아래로 떨어뜨려도 바닥에 닿지 않았을 것
이다. 의미심장한 것은 두 손의 동작이다. 소크라테스는 오른손을 수평으
로 뻗어 간수로부터 독약이 든 잔을 건네받는다. 독약은 희랍어로 파르마콘
(pharmakon, 『파이돈』 57a)인데, 원래 이 단어는 사람을 죽이는 '독'이기도 하고
사람을 살리는 '약'이기도 하다. 당시 아테네에서 죄수에게 쓴 사약(死藥)은
식물에서 짜낸 즙인데 희랍어로 코네이온(koneion), 라틴어로 코니움(conium,

영어로 hemlock)이라 일컫는다. 우리말로는 독미나리로 불린다. 시간을 거슬러 올라가서 소크라테스가 제자들과 대화를 하는 중간에 크리톤은 자꾸만 끼어들어 무언가를 말하려고 했다. 소크라테스가 그에게 어디 말해보라고 하자 크리톤은 아까부터 간수가 제자 가운데에서 가장 연장자요 좌장 격인 그에게 보채고 있다고 한다. 즉 소크라테스에게 될 수 있는 대로 적게 말하라고 전해달라고 했다는 것이다. 간수의 말에 따르면 소크라테스가 말을 많이 하게 되면 몸에 열이 나게 되고, 그렇게 되면 독약에 영향을 미쳐서 그렇지 않은 경우보다 독약을 두 배 혹은 세 배까지도 마셔야 할 수도 있다는 것이다. 물론 이런 것에 흔들릴 소크라테스가 아니다. 그는 간수더러 필요하면 독약을 충분히 준비하여 제 할 일이나 잘하라고 응수한다. 이제 시간이 흘러 소크라테스는 오른팔을 뻗어 간수에게서 독약이 든 잔(희랍어로 kylix)을 건네받는다. 그런데 붉은 옷을 입은 간수는 독배를 소크라테스에게 건네면서 차마 똑바로 볼 수 없어 고개를 반대쪽으로 돌리고는 왼손으로 얼굴을 감싸 쥔다. 간수는 소크라테스를 30일 동안 지켜보면서 알아차렸을 것이다. 소크라테스는 아무 죄가 없으면서 사실과 다른 두 가지 죄목으로 고발되어 사형을 선고받고 지금에 이르렀다. 간수는 그동안 많은 죄수들을 보아왔지만 이 분처럼 훌륭하고 존경스러운 사람을 보지 못했다. 게다가 이분은 그야말로 아무 두려움이나 노여움 없이 죽음을 맞이하고 있다. 간수는 자신의 임무라서 앞서 말을 적게 하시라고 채근하기도 했지만, 이제 시간이 되어 하필 자신의 손으로 독배를 건네지 않을 수 없다는 사실을 견디기 어렵다. 마지못해 독배를 건네주는 간수와 망설임 없이 건네받는 소크라테스가 다비드 그림의 정중앙에 배치되어 있다. 무엇보다도 시선을 끄는 것은 소크라테스의 왼손이 가리키는 방향이다. 그는 왼팔을 직각을 유지하도록 뻗고는 주먹을 쥔 채 둘째 손가락으로 위를 가리킨다. 이 손가락 방향은 대화편

───── 소크라테스의 죽음
자크 루이 다비드, 1787년, 뉴욕 메트로폴리탄 미술관, 출처: 위키피디아.

『파이돈』의 전체 주제인 '혼의 불멸'(immortality of the soul)을 나타낸다고 할 것이다.

그림 중앙에 놓인 침상 너머에는 상당한 높이의 횃불 기둥이 있다. 이 기둥에 놓인 횃불이 이 공간의 조명을 맡는다. 그러니까 다비드가 그려낸 것은 지하 무덤이다. 당연히 횃불 없이는 어두웠을 터이다. 그림의 왼편으로는 지하 무덤으로부터 지상으로 통하는 계단이 흐릿하게 보인다. 자세히 보면 계단 위로 한 무리의 사람들이 설정되어 있다. 크산티페 일행이 크리톤 집안 사람의 인도로 지하 감옥을 떠나고 있는 것이다. 감옥을 떠나는 크산티페의 시선은 여전히 감옥 안쪽 소크라테스로 향하고 있다. 소크라테스의 당부로 감옥을 떠나기는 하지만 차마 발길이 떨어지지 않는 것이다. 악처로 알려진 것과는 아주 딴판이다. 소크라테스의 최후의 날 제자들이 평소보다 더 일찍 찾아왔는데 크산티페는 이들보다도 더 먼저 와 있었다. 그리고 자신의 최후를 가족에게 보이길 원치 않은 소크라테스의 당부에 따라 떨어지지 않는 발걸음을 옮기고 있는 것이다.

소크라테스의 최후의 순간을 함께한 제자 및 친지로는 모두 8명의 인물이 그려져 있다. 소크라테스를 기준으로 왼편에 2명, 오른편에 6명이 각각 배치되어 있다. 모두 깊은 슬픔에 잠겨 있는데, 두 명은 벽을 붙잡고 통곡하고 있고, 두 명은 얼굴을 감싸 쥔 채 스승의 죽음을 맞는다. 아마도 벽을 붙잡고 있거나 얼굴을 감싸 쥔 사람들 가운데 하나가 아폴로도로스(Apollodoros)일 것이다. 그는 열렬한 소크라테스 추종자 가운데 한 사람으로『파이돈』에서 소크라테스와 마지막 순간을 함께 한 사람들 가운데 한 명으로 언급된다. 또『심포시온』에서는 비극 시인 아가톤(Agathon) 집에서 있었던 대화를 들려주는 인물로도 등장한다. 그림에서 두 명은 앉아 있다. 소크라테스 왼쪽의 흰 옷을 입은 노인은 두 손을 모은 채 낙심하고 체념한 듯 고개를 떨구

———— 소크라테스에게 물을 끼얹는 크산티페
라이어 폰 브롬멘다엘, 1655년, 책의 삽화, 출처: 위키피디아.

고 있다. 소크라테스의 최후를 지켜보지 않겠다는 듯 아예 돌아앉았다. 반면에 소크라테스 오른쪽에 앉아 있는 붉은 옷의 인물은 오른손을 뻗어 소크라테스의 허벅지에 올려놓고 있다. 이 두 사람 가운데 하나가 크리톤일 것이다. 그는 이 최후의 날에 아들 크리토불로스(Kritoboulos)와 함께 자리를 지킨 것으로 되어 있다. 그는 소크라테스와 동년배요 같은 부락(demos)인 알로페케(Alopeke) 출신으로 부유한 농부였다. 철학적 자질이 있다고는 할 수 없겠지만 소크라테스에 대해 헌신적이었다. 소크라테스가 법정에서 자신이 물 수 있는 벌금으로 1므나를 제시하자 30므나로 올려 제의하도록 한 주인공이다. 『에우티데모스』 306d-307c에는 크리톤이 아들의 교육 문제를 두고 소크라테스와 상의하는 것으로 그려져 있다. 크리톤은 또 다른 대화편 『크리톤』에서 소크라테스가 처형되기 전날 탈옥시키는 데에 필요한 만반의 준비를 하고 아침 일찍 찾아와 탈옥할 것을 설득한다. 그런 크리톤을 화가 다비드는 어떻게 나타냈을까? 앉아 있는 두 인물 가운데 아무래도 왼쪽의 노인을 크리톤으로 간주해야 할 것 같다. 갖은 설득에도 불구하고 끝내 소크라테스의 죽음을 막지는 못한 점을 이 인물이 더 잘 드러낸다고 보이기 때문이다.

"플라톤은 아파서 없었다"

그런데 여기에서 의아하다는 생각이 든다. 다비드의 그림 〈소크라테스의 죽음〉에서 플라톤은 도대체 어디에 있는 것인가? 그림의 등장 인물 가운데 플라톤으로 추정되는 이는 없다. 소크라테스의 수많은 제자들 가운데에서 학문적으로 으뜸은 단연 플라톤이다. 그런 플라톤이 스승 소크라테스의 임종을 묘사하는 그림에 없다는 것이 가능한 일인가?

서양 고대 철학 연구자들에게 '플라톤적 익명성'(Platonic anonymity)이라는 표현으로 알려져 있는 개념이 있다. 이 개념은 26 내지 27편의 대화편을 쓴 플라톤이 자기의 글 안에서 자신을 드러내기를 극구 꺼린다는 점을 지적한 다. 우리는 플라톤의 작품을 '초기 대화편', '중기 대화편', '후기 대화편'의 세 무리로 분류한다. 마지막에 쓴 것으로 보는 『법률』(Nomoi)을 제외하고는 모 두 소크라테스가 등장한다. 그런데 각각의 대화편에서 등장인물 소크라테 스가 차지하는 비중이 다르다. 즉 '초기 대화편'에서는 소크라테스가 주로 말하고 다른 등장인물이 짧게 대꾸한다. 또 '초기 대화편'은 플라톤이 스승 소크라테스를 후세에 증언한다는 성격을 강하게 띤다. 그래서 '초기 대화 편'을 가리켜 '소크라테스적 대화편'(Socratic dialogues)이라고도 부른다. '중기 대화편'에서는 소크라테스와 그의 대화 상대방이 주거니 받거니 비슷한 비 중으로 발언한다. '후기 대화편'에 이르면 오히려 소크라테스의 대화 상대 방이 주로 발언하고 소크라테스가 짧게 응수한다. 그러니까 대화에서 소크 라테스의 비중과 위상이 초기 대화편에서 후기 대화편으로 오면서 역전된 셈이다. 그러더니 급기야 『법률』에서는 아예 소크라테스가 등장하지 않는 다. 이런 비중의 변화는 플라톤이 소크라테스의 영향을 크게 받았고 자신의 스승을 증언하겠다는 의도를 강하게 가졌던 시기로부터 시작해서 점차 자 신의 고유한 철학 체계를 구축해 나가는 과정으로 이해해 볼 수 있을 것이 다.

'플라톤적 익명성'이라는 표현이 말하듯 플라톤은 대부분 소크라테스의 가면을 쓰고 말한다. 같은 맥락에서 대화편들에서 플라톤이 자신의 이름을 드는 일은 단 세 차례밖에 없다. 플라톤의 이름은 『소크라테스의 변론』에 서 두 번, 『파이돈』에서 한 번 출현한다. 『소크라테스의 변론』33에서는 법정에 나와 있는 이들이 거명된다. 크리톤(Kriton)과 그의 아들 크리토불로스(Kritoboulos), 리사니아스(Lysanias)와 그의 아들 아이스키네스(Aischines), 안티폰(Antiphon)과 그의 아들 에피게네스(Epigenes), 테오조티데스(Theozotides)의 아들이자 테오도토스(Theodotos)의 형인 니코스트라토스(Nikostratos), 데모도코스(Demodokos)의 아들이자 테아게스(Theages)와 형제인 파랄로스(Paralos), 아리스톤(Ariston)의 아들인 아데이만토스(Adeimantos)와 그의 형제인 플라톤, 아이안토도로스(Aiantodoros)와 아폴로도로스(Apollodoros) 형제가 바로 그들이다. 플라톤은 이렇게 여러 사람 가운데 슬쩍 자신을 끼워 넣어 등장한다. 『소크라테스의 변론』 38b에서는 애초 1므나의 벌금을 자신의 형량으로 제시했던 소크라테스가 법정의 지인들이 자신들이 보증한다며 30므나로 벌금을 올리라고 한다면서, 플라톤, 크리톤, 크리토불로스, 아폴로도로스의 이름을 든다. 『파이돈』 59b-c에서 소크라테스가 죽음을 맞이하는 날 현장에 함께 있었던 이들이 열거된다. 아폴로도로스, 크리톤과 그의 아들 크리토불로스, 헤르모게네스(Hermogenes), 에피게네스, 아이스키네스, 안티스테네스(Antisthenes), 크테시포스(Ktesippos), 메넥세노스(Menexenos)의 이름이 나오고는 인상적인 표현이 이어진다. "그런데 플라톤은 아파서 없었다." 심지어 테베 출신 시미아스(Simmias), 케베스(Kebes), 파이돈데스(Phaidondes), 메가라 출신 에우클레이데스(Eukleides)와 테르프시온(Terpsion)도 소크라테스의 임종을 지켜보았는데, 단연 첫손가락에 꼽아야 할 플라톤이 그 자리에 없었다는 것을 어떻게 이해해야 할까? 소크라테스와 제자 사이에 벌어진 마지막 대화, '혼의 불멸'을 둘러싼 대화와 이어지는 소크라테스의 죽음을 우리에게 전해 주는 『파이돈』을 쓴 플라톤은 정작 그 자리에 없었다는 것이다. 작가나 정치가가 될 생각이었다가 소크라테스를 만남으로써 철학으로 일대 방향 전환을 감행했으며, 소크라테스를 가리켜 그때까지 알게 된 사람들 가운데 가장 홀륭하고, 가장 지혜롭고, 가장 올바른 사람이라고 평가하는 플라톤으로서는 아파도 너무 아파서 차마 그 운명의 자리에 있기 어려웠던 것이다. "아파서 없었다"는 지극히 짧은 표현이 플라톤의 헤아릴 수 없는 슬픔과 고통을 오히려 제대로 드러낸다. "아파서 없었다"는 복잡하고 긴 사연을 단적으로 표현하는 대표 사례가 되었고 많은 사람에 의해 즐겨 인용되었다. 프랑스의 화가 자크 루이 다비드가 『파이돈』을 한 폭의 그림으로 표현해 낸 반면, 역시 프랑스의 클로드 퓌자드 르노(Claude Pujade-Renaud)는 한 편의 소설로 만들어냈다. 그 제목은 『플라톤은 아팠다』이다.[37]

자살은 온당한 일이 아니다

자살을 어떻게 보아야 할까?[38] 『파이돈』에서 소크라테스는 사람이 스스로 자신을 죽이는 것은 온당한 짓이 아니라고 말한다. 사는 것보다 죽는 것이 더 나은 경우가 있는가? 소크라테스는 이런 경우란 인간에게는 결코 없다고 한다. 죽는 것이 더 나아 보이는 경우에 스스로 자신을 좋도록 하는 것, 곧 자살을 저지르는 것은 경건하지 못한 일이요, 다른 은인을 기다려야만 한다. 오르페우스 교도들이나 피타고라스학파 사람들은 우리가 살아 있는 동안 일종의 감옥(phroura)에 갇혀 살고 있다거나 몸(soma)은 혼(psyche)의 무덤(sema)이라고 믿는다. 우리 인간들은 이 감옥에서 몰래 도망가서도 안 되고, 누구도 우리를 이 감옥에서 풀려나게 해서도 안 된다. 신들은 우리의 보호자들이요, 인간은 신들의 소유물 가운데 하나이다. 우리는 우리의 소유물 가운데 하나가, 정작 우리가 그것이 죽기를 바란다는 신호를 보내지도 않는데, 제 스스로 자신을 죽인다면, 그것에 대해 화를 내고, 벌 줄 방도만 있다면 벌을 줄 것이다. 이런 점에서 신이 어떤 필연을, 이를테면 지금 내려져 있는 것과 같은 필연을 내려보내기 전에 먼저 자신을 죽여서는 안 된다. 가장 지혜롭다는 사람들이, 감독자들 중에서도 가장 훌륭한 감독자들인 신들이 돌보아주는 그 보살핌의 상태에서 벗어나 떠나면서도 언짢은 마음이 아니라는 것은 합리적이지 못하다. 자신이 어쨌든 자유롭게 되었다고 해서 스스로를 더 잘 보살피게 될 것이라고는 생각하지 않을 것이다. 어쩌면 어리석은 사람은 주인한테서 도망쳐야만 한다고 생각할 수도 있을 것이다. 이는 적어도 좋은 주인한테서는 도망칠 것이 아니라 되도록 최대한 머물러 있어야 한다는 데에 생각이 미치지 못해서이다. 그래서 그는 생각 없이 도망치는 것이다. 반면에 지각 있는 사람은 언제나 자기보다 나은 이 곁에 머물고 싶어 할 것이다. 그래서 스스로 목숨을 끊는 것과 관련해서 지혜로운 사람들은 자신들이 죽게 되는 데에 대해 성내는 데 반해 어리석은 사람들은 기뻐한다고 한다.

노여움이나 두려움 없이 받아들이는 죽음

소크라테스는 지혜를 사랑하는 자는 임박한 죽음에 대해 노여워하거나 두려워하지 않고 그것을 맞이할 것이라고 한다. 그러자 케베스와 시미아스는 이 주장의 근거를 설명해 달라고 요구한다. 진정으로 지혜에 대한 사랑(철학, philosophia)으로 생애를 보낸 사람은 죽음에 임하여 확신이 있으며, 또한 자기가 죽은 뒤에는 최대의 좋은 것들을 얻게 될 것이라는 희망에 차 있을 것이 당연하다. 지혜에 대한 사랑에 옳게 종사해 온 사람들은 모두가 다름 아닌 죽음을 스스로 추구하고 있다는 것을 다른 사람들이 실은 모르고 있는 것 같다. 만일 이것이 진실이라면 온 생애를 통하여 다름 아닌 죽음을 열망해 오다가 막상 죽음이 자기에게 닥쳐왔을 때에 성을 낸다는 것은 확실히 이상한 일이다. 죽음은 육체로부터의 혼의 해방이다. 육체와 결부된 감각적 지각을 통해서는 참된 존재에 대한 앎을 획득할 수 없다. 그런 앎은 오로지 순수한 사고와 추론을 통해서만 획득할 수 있다. 그런데 순수한 사고와 추론은 오직 혼이 육체의 영향으로부터 온전히 해방된 상태에서만 가능하다. 그러므로 만일 죽음이 육체로부터 혼이 해방되는 것을 뜻한다면, 참된 존재에 대한 앎을 추구하는 철학자들은 결국 죽음의 상태를 추구하고 열망하는 셈이다. 그렇다면 평생 이런 상태를 염원하던 사람이 막상 죽음을 앞두고는 노여워하고 두려워한다는 것은 우스꽝스러운 일이다.[39]

『파이돈』이 그려 내는 하데스 여행

혼이 불멸한다는 것을 입증해 보이는 시도가 종료된 뒤에 소크라테스는 혼이 사후에 겪게 되는 일에 관한 신화적 이야기를 들려준다. 지구는 구형(球形, peripheres)이며 아주 커서 우리는 파시스(Phasis) 강으로부터 헤라클레스의 두 기둥에 걸친 작은 일부 지역에서 살고 있다. 그것은 마치 개미들이 연못 주변에서, 개구리들이 바다 주변에서 살고 있는 것과 비슷하다. 지구 곳곳에는 온갖 모양과 크기의 우묵한 곳들이 많이 있어서 물, 안개 그리고 공기가 이곳으로 흘러 들어간다고 한다. 우리는 바로 이 우묵한 부분에 거주하고 있다. 우리가 지구 위에 살고 있다고 생각하는 것은 착각에 불과하다. 우리가 하늘이라고 생각하고 있는 것은 사실 아이테르(aither)가 우묵한 곳으로 흘러든 찌꺼기와 같은 것으로, 그것을 넘어 올라가서야 비로소 참된 지구의 위 쪽과 그것 위의 참된 하늘을 볼 수 있게 된다. 이것은 마치 바다 속에 사는 사람이 바다 위 쪽에 살고 있다고 여기고, 물을 통해 태양과 별들을 보고 있으면서도 그 물을 하늘이라고 여기는 것과 마찬가지이다. 참된 지구는 생전에 올바른 삶을 살았고 철학을 통해 자신을 정화한 사람들의 거처이다. 그곳에서 그들은 신들과 함께 거주하게 되며 이에 따르는 최상의 행복을 누리게 된다. 반면에 생전에 여러 잘못을 저지른 혼들에게는 보다 고단한 운명이 기다리고 있다. 그들은 각자가 저지른 과오의 경중에 따라 사후에 다양한 고난을 겪게 되는데, 그들의 운명을 상술하는 과정에서 플라톤은 지구의 안 쪽 부분, 즉 지하 세계에 대해 상세하게 묘사한다. 지구의 가장 깊은 부분에는 타르타로스(Tartaros)가 위치한다. 타르타로스는 치유 불가능한 과오를 저지른 자들의 영원한 거처이다. 반면 이들에 비해 상대적으로 작은 과오를 저지른 사람들에게는 구제의 기회가 주어져서, 그들이 잘못을 저질렀던 사람의 용서를 받게 되면 타르타로스로부터 벗어날 수 있게 된다. 지구의 여러 지역들은 지하에 흐르는 크고 작은 여러 강들에 의해 서로 연결되어 있는데, 그 가운데 가장 큰 넷이 오케아노스(Okeanos), 아케론(Acheron), 피리플레게톤(Pyriphlegethon), 코키토스(Kokytos)이다.

소크라테스도 꿈을 꾼다

꿈은 꼭 프로이트(S. Freud)가 아니더라도 오래 전부터 주목되어 왔다. 철학자도 꿈을 꾼다. 소크라테스와 플라톤이 꾸었다는 꿈을 둘러싸고 많은 해석이 있다. 먼저 플라톤이 꾸었다는 꿈을 보자. 신플라톤주의의 마지막 철학자들 가운데 한 사람인 올림피오도로스(Olympiodoros)는 플라톤의 대화편

『알키비아데스 I』에 대한 주석서에 '플라톤의 전기'(Vita Platonis)를 서문 격으로 붙였다. 오늘날에는 이 대화편이 플라톤의 것이 아니라 그의 제자들 중의 한 사람에 의해 씌어졌다는 주장도 제기되기는 하지만 신플라톤주의자들은 한동안 이 대화편을 읽고 해석하는 것을 플라톤 철학에 입문하는 길로 여겼다고 한다. 올림피오도로스는 이 플라톤 전기에서 다음과 같은 꿈 이야기를 전한다. "플라톤이 죽기 얼마 전에 꿈을 꾸었는데, 그 꿈에서 그는 아폴론의 새인 백조로 변했다. 많은 사람들이 이 백조를 활로 쏘아 떨어뜨리려 무진 애를 썼는데도 이 새는 어찌나 빠르게 이 나무에서 저 나무로 옮겨 다니는지 결국 사람들은 이 새를 맞추어 잡는 일을 포기할 수밖에 없었다. 소크라테스학파의 시미아스는 이 꿈을 다음과 같이 풀이했다. '플라톤은 그의 철학을 해석하려는 모든 노력을 무위로 돌리게 할 것이다. 그의 저술은 호메로스의 경우와 마찬가지로 지극히 다면적이어서, 그의 사상을 어느 한 가지로 고정시켜 이해하기란 불가능하다.'"[40] 올림피오도로스는 죽음을 앞에 두고 플라톤이 꾸었다는 꿈을 소개하고는 그 꿈을 플라톤 철학의 다면성과 그로 인한 해석의 어려움을 말하는 것으로 보는 해석까지 전하고 있다. 플라톤과 같은 큰 철학자의 꿈, 그것도 죽기 얼마 전에 꾸었다는 꿈이라면 많은 관심을 받는 것이 당연해 보인다.

소크라테스의 꿈으로는 두 가지가 있다. 그 한 가지는 앞서 플라톤의 꿈과 연결된다. 어느 날 소크라테스가 꿈을 꾸었는데, 그 꿈에서 아직 어려 날지 못하는 작고 어린 새끼 백조를 무릎 위에 놓고 얼러 대면서 놀고 있었다고 한다. 그런데 갑자기 백조에게 날개가 돋더니 이윽고 푸드득 창공을 향해 날아가더라는 것이다. 다음 날 한 청년이 소크라테스에게 안내되어 왔다. 소크라테스는 그 청년을 유심히 보더니 "자네가 어젯밤 꿈의 그 백조로군"라고 말했다고 한다. 플라톤에게 소크라테스와의 만남은 자신의 인생 항로에서 결정적 방향 전환을 가져오는 일이다. 이토록 중요한 사건이라면 아마도 둘 사이에 범상치 않은 교감이 있었을 것이라고 생각하는 사람들이 이 꿈 이야기를 지어냈을 것이다. 앞서의 플라톤의 꿈과 지금 이 소크라테스 꿈에 공통적으로 아폴론의 새인 백조가 등장한다. 두 꿈 사이의 최소한의 연결성은 확보된 셈이다. 그리고 아폴론은 철학과 밀접하게 연관된다. 플라톤은 『파이돈』에서 철학을 가리켜 '무사 여신들(Mousai)의 술 가운데 최고의 것'(megiste mousike)이라고 말하는데, 아홉 무사 여신들을 지휘하는 것은 아폴론이다.

　죽음과 관련 있는 것은 소크라테스의 또 다른 꿈 이야기이다. 소크라테스 최후의 날 아침 일찍 감옥으로 찾아온 제자들이 소크라테스와 나눈 대화인 『파이돈』에서 케베스가 궁금해 한다. 즉 이전에는 전혀 시를 지은 적이 없는 소크라테스가 감옥에 갇혀 지내는 동안 아이소포스(Aisopos)[41]의 우화들을 운문으로 만들고 아폴론 신에 대한 찬가를 짓는 등 시를 지은 것은 어떤 생각에서 그렇게 한 것인지를 케베스가 묻는다. 소크라테스는 지나간 생애에 걸쳐 똑같은 꿈이 여러 차례에 걸쳐 나타나서는, 그때마다 다른 모습으로 보이지만, 똑같은 것을 말했다고 한다. 그것은 "소크라테스여, 시가(詩歌)를 지어라"라고 하는 것이다. 소크라테스는 이 꿈을 자신이 하고 있는 바로 그 일을 하도록 격려하고 성원하는 것으로 이해했다고 한다. 그러면서 마치 달리기를 하는 사람더러 더 잘 달리라고 응원하는 것과 같다고 한다. 그렇지 않아도 소크라테스는 철학(philosophia, 지혜 사랑)을 해 왔는데 철학은 가장 위대한 시가(megiste mousike)이므로 시가를 지으라는 꿈은 하던 일을 계속하라는 격려라는 것이다. 그런데 이에 더해 소크라테스는 재판도 있은 뒤이고 감옥에 갇혀 델로스 섬 아폴론 축제 사절단의 배가 돌아오는 것을 기다리는 처지에 그 꿈이 여러 차례 지시한 것이 혹시 통속적인 의미의 시가를 지으라는 것이라면 그에 불복할 것이 아니라 지시에 따라야겠다고 생각했다고 한다. 꿈의 지시를 따라 시가를 지음으로써 양심에 걸리는 것 없이 이 세상을 떠나고 싶었다는 것이다. 그래서 먼저 지금 바쳐지는 축제의 주인공인 아폴론을 기리는 찬가를 지었고, 그 다음으로는 정녕 시인이 되려면 우화들(mythoi)을 지어야지 논술하는 글들(logoi)을 지어서는 안 되는데 그 자신 우화에는 재간이 없기 때문에 손 가까이 있고 또 암기하고 있는 아이소포스의 우화들 가운데 먼저 떠오르는 것을 운문으로 고쳐 보았다고 한다. 시가를 지으라고 요청하는 꿈은 소크라테스가 평생 여러 차례 꾼 것으로 되어 있다. 그리고 소크라테스는 이 꿈 속의 요청을 '지혜 사랑'을 계속하라는 격려로 받아들였다. 다만 감옥에 갇혀 지내면서 이 꿈이 말하는 것이 혹시 글자그대로 시를 지으라는 것이라면 이에도 부응하는 것이 나쁘지 않다고 생각했다. 우리도 꿈이 무엇을 요청하는지 귀담아 들어 볼 필요가 있을 것이다.

소크라테스의 유언

무엇을 소크라테스의 유언으로 볼 것인가? 이를 두고 많은 억측과 논란이 있어 왔다. 소크라테스의 유언으로 간주되는 첫 번째 것은 "악법도 법이다."이다. 소크라테스가 "악법도 법이다"라고 말했다는 것, 그리고 이것이 그의 유언이라는 것은 오직 우리나라에서만 횡행하는 잘못된 사실이자 견해이다. 1993년 고려대 철학과 권창은 교수가 「소크라테스와 '악법'」(『철학연구』 제33집)이라는 논문에서, 서강대 정외과 강정인 교수가 같은 해 한국정치학회 연례 학술발표대회에서 「소크라테스 악법도 법인가」라는 논문에서 각각 이 오래되고 널리 퍼진 견해가 전혀 근거 없는 것이라는 것을 밝힌 바 있다. 그런데도 소크라테스가 감옥에 갇혀서도 '악법도 법'이라면서 탈옥을 거부했다는 잘못된 견해는 아직도 널리 퍼져 있다. 과거 권위주의 정권 아래에서 '법실증주의'니 '준법정신'을 강조하면서 억지로 소크라테스를 끌어다 댔던 것이 세월이 지나도 제대로 교정되지 않고 있는 것이다. "악법도 법이다"라는 표현이 있다면 문맥상 『크리톤』에 있어야 할 것이다. 그러나 『크리톤』 어디에도 이런 식으로 번역할 수 있을 표현은 없다. 악법도 법인 이상 지키는 것이 옳다는 생각은, 사실은 소크라테스의 평소 생각의 반대이다. 『소크라테스의 변론』에서 소크라테스는 레온(Leon)과 관련해 있었던 일을 이야기한다.[42] 과두정 치하에서 30인 통치자들은 소크라테스를 포함한 다섯 사람을 원형 청사(tholos)로 불러서는 살라미스(Salamis)에 가서 살라미스 사람 레온을 체포해 오라는 명령을 내린다. 레온을 처형하기 위한 것이었는데 가능한 한 많은 사람들을 자기들의 죄악에 끌어들이기 위해 그런 일들을 숱하게 명령하곤 했다고 한다. 소크라테스는 죽음에 대해서는 어떤 관심도 갖지 않았지만 부정의하거나 불경건한 어떤 일도 저지르지 않는 것에 온통 관심을 쏟고 있었다고 말한다. 공포로 인해 부정의를 저지를 자기가 아니라고도 한다. 원형 청사에서 나와 네 사람은 살라미스로 가서 레온을 붙잡아 왔지만 자기는 이들과 헤어져 집으로 왔고, 이 일로 인해서 만일 과두 정권이 빠르게 무너지지 않았더라면 그때 죽었을 것이라고 한다. 위험을 무릅쓰고라도 올바르지 못한 명령을 거부한 소크라테스이다. "악법도 법이다."가 나타내는 것과는 정반대이다. 그래서 소로(Henry David Thoreau, 1817-1862)는 자신의 '시민 불복종'(civil disobedience) 정신이 소크라테스로부터 온 것이라고 말하고 있는 것이다. 또 마하트마 간디(Mahatma Gandhi, 1869-1948)는 이런 소로를 자기의 비폭력 불복종 운동의 시원으로 본다. 그렇다면 소크라테스는 악법일지라도 그것이 법인 한 지켜야 한다는 것이 아니라 법이 정당하지 못하다면 그 법에 불복종해야 한다는 것을 주장한 철학자로 평가받아야 할 것이다. 이런 각도에서 보자면 '악법도 법'인 것이 아니라 '악법은 악'이다.[43]

소크라테스의 유언으로 간주되는 두 번째 것은 "아스클레피오스에게 닭한 마리 바쳐 달라."는 당부이다. 플라톤의 『파이돈』에 나오는 이 표현은 확실히 소크라테스가 독배를 들이키고 마지막으로 남긴 말이다. 『파이돈』의이 말을 "악법도 법이다."와 결합시키는 것 역시 우리나라에서만 있는 일이다. 그렇지 않아도 경우에 맞지도 않은 '준법정신'을 운운하는 자들은 마치소크라테스가 죽으면서까지 아스클레피오스에게 빚진 것을 갚으라고 했으니 이 역시 준법정신의 발현이라는 것이다. 얼토당토않은 해석이다. 아스클레피오스는 희랍 신화에서 의신(醫神)이요 치유의 신이다. 고대 희랍 사람들은 육신의 병이 나으면 치유의 신인 아스클레피오스에게 감사의 제물로 닭한 마리를 바쳤다. 이제 소크라테스는 죽음을 눈앞에 두고 있다. 소크라테스에게 죽음은 혼이 육체로부터 해방되는 일, 곧 치유되는 일이다. 그러니자기 몫으로도 치유의 신 아스클레피오스에게 닭 한 마리 바쳐 달라고 한것이다. 외상으로 먹은 닭 값을 마지막 순간에도 기억해 내고는 준법정신을발휘해서 갚아 달라고 했다는 것은 참으로 기막힌 해석이다.

소크라테스의 유언으로 간주되는 세 번째 것은 "혼을 돌보라."는 당부이다. 대화편 『파이돈』의 끄트머리에서 오랜 친구이자 제자인 크리톤이 그자리에 모인 사람들에게 마지막으로 지시할 일이 무엇인지를 소크라테스에게 묻는다. 이에 대한 소크라테스의 대답은 이렇다. "자네들이 자네들 자신을 돌본다면, 자네들은 나를 위해서도 내 가족을 위해서도 그리고 또 자네들 자신을 위해서도 기쁠 일을 하게 될 걸세." 여기에서 '자네들 자신을 돌본다면'이라는 표현은 '진정으로 자네들 자신을 돌본다면'을 뜻하고, 이는더 나아가 '진정한 자네들 자신을 돌본다면'을 의미하는데, 그 '진정한 자신'

이란 바로 그들 자신의 혼을 가리킨다. 결국 소크라테스가 마지막으로 남긴 말은 '네 혼을 돌보아라.'로 요약된다. 그래서 '혼을 돌본다는 것', 희랍어로 에피멜레이스타이 테스 프시케스(epimeleisthai tes psyches)를 소크라테스 철학의 핵심으로 보기도 하는 것이다.

　로마 신화를 보면 걱정, 근심, 불안, 우려의 신인 쿠라(Cura) 여신이 인간을 만들고자 했다. 우선 땅을 차지하고 있는 신을 찾아가 육체의 재료인 흙을 얻어 인간을 빚었지만 아직 생명이 없었다. 그래서 이번에는 영혼을 관장하는 신을 찾아가 영혼을 얻어 그 인간에게 불어넣었다. 처음에는 흙과 영혼을 빌려 준 신들이 대단치 않게 여겼는데, 막상 인간이 완성되자 사정이 달라졌다. 세 신 모두 인간을 소유하고 싶은 욕심이 생긴 것이다. 저마다 인간을 소유하겠다고 다투다가 급기야 재판관에게 판결을 내려 줄 것을 간청하기에 이르렀다. 이 재판관은 세 신, 그러니까 땅의 신, 영혼을 관장하는 신, 쿠라 여신을 모두 만족시키는 이른바 솔로몬식 판결을 내렸는데, 그 판결이 곧 인간의 운명이 되었다고 한다. "이 인간이 죽으면 흙을 빌려 준 땅의 신은 육체를 되돌려 받고, 영혼을 빌려 준 신은 그 영혼을 도로 차지하라. 그러나 이 인간이 살아 있는 동안에는 쿠라 여신이 소유하라." 이렇게 해서 인간은 살아 있는 동안 끊임없이 걱정, 근심, 불안, 우려의 노예가 된다는 것이다. 돌이켜 보면 누구에게나 늘 근심거리가 있었다. 지금 생각하면 별일 아니었지만 그때는 얼마나 큰 걱정거리였는가? 어머니가 아끼던 그릇을 깨뜨리고, 혹은 친구들과 놀기에 바빠 어머니가 해 놓으라는 일을 하지 않고는 야단맞을까 걱정이 되어 날이 저물어 어둑해지도록 대문 멀리에 숨어 있다가, 들어와서 밥 먹으라는 어머니 말씀에 왈칵 눈물을 쏟았던 기억이 없는가. 어린 시절뿐만이 아니다. 학교에 다니던 시절, 결혼해서 아이 낳아 기르던 시절, 그 아이들이 다시 결혼하고 아이 낳기에 이르기까지 걱정과 불안은 그 내용을 달리 하면서 계속된다. 실로 인간은 온갖 번민으로 얼룩진 존재이다. 프랑스 시인 아르튀르 랭보(Arthur Rimbaud, 1854-1891)의 시구처럼 상처 없는 영혼이 어디 있겠는가?

앞에서 소개한 쿠라 신화는 현대 철학의 거장 하이데거(M. Heidegger)의 대표적 저서인 『존재와 시간』에 등장한다. 이 쿠라(Cura)라는 신의 이름에서 대문자인 첫 글자를 소문자로 바꾸면 보통명사 쿠라(cura)가 되는데, 바로 이 단어로부터 영어의 케어(care)라는 단어가 나왔다고 한다. 라틴어 쿠라(cura), 영어 케어(care)에 해당하는 독일어 단어가 조르게(Sorge)이다. 하이데거는 쿠라 신화로부터 자신의 핵심 개념 조르게(Sorge)를 끌어낸다. 그런데 매우 흥미로운 것은 독일어로 목사직, 사제직을 제엘조르게(Seelsorge)라고 하고, 목사나 사제를 제엘조르거(Seelsorger)라고 한다는 사실이다. 목사나 사제가 하는 일은 '혼을 돌보는 일'이요, 목사나 사제란 '혼을 돌보는 자'라는 것이다. '혼을 돌보는 일'이란 표현은 대뜸 소크라테스를 떠올리게 한다. 자신의 혼을 돌본다는 것은 예수 그리스도에게도 중요한 역할을 한다. 예수가 십자가를 매고 골고다 언덕을 올라갈 때 많은 이들이 길가에서 이 참혹한 광경을 보고 울었다. 이때 예수는 나를 위해 울지 말고 네 자신을 위해 울라고 한다. 네 자신을 위해 울라는 것은 다름 아니라 네 자신의 혼을 위해 울라는 것이요, 이것은 네 자신의 혼을 보살피라는 것과 다르지 않다. 같은 맥락에서 덴마크의 실존 사상가 키에르케고르(S. Kierkegaard, 1813-1855)는 성서의 표현을 따서 "비록 온 세상을 얻는다고 할지라도 네 혼을 다친다면 무슨 소용이 있겠냐"고 묻는다.

'대한불안장애학회'가 전국의 성인 남녀 1,000명을 대상으로 개별 면접조사를 실시한 결과 전체 응답자의 25%가 "불안한 상태에 있다."고 답했다고 한다. 한국인 4명 가운데 1명은 불안 증세를 겪고 있는 셈이다. 의사들은 약

물 치료, 인지 · 행동 치료, 상담 치료를 받을 것을 권한다. 그런데 이런 경우 항우울제(Prozac)를 복용할 것이 아니라 철학(대표 격으로 Platon)을 하는 게 좋다고 주장하는 사람들이 있다. 몸이 아프면 병원이나 약국을 찾지만, 혼이나 마음이 아프면 어떻게 해야 할까? 신경정신과, 심리 상담소, 성당이나 교회도 도움이 될 수 있겠으나 어떤 사안의 경우에는 오히려 철학에 도움을 청하는 것이 바람직하다는 것이다..

1981년 독일 철학자 게르트 아헨바흐(Gerd Achenbach)는 철학 진료 연구소(Institut für Philosophische Praxis)를 개설했다. 아헨바하가 말하는 '철학 진료'란 철학자의 진료실에서 전문적으로 시행되는 철학적 생활 상담을 가리킨다. 그는 이렇게 말한다. "철학 진료에서 우리는 철학의 교사가 아니라 철학자일 것을 요구받는다. 철학의 구체적 모습은 철학자이다. 철학자가 곧 하나의 기관으로서의 철학 진료소이다. 철학 진료는 자유로운 대화로 철학 이론을 처방하며, 철학적 사고를 작동시킨다." 1982년에는 독일에서 '철학 진료 협회'(Gesellschaft für Philosophische Praxis)가 창설되었다.

아헨바흐의 생각을 이어받아 철학 진료를 세계적인 현상으로 확대시킨 사람은 미국의 철학 교수 루 매리노프(Lou Marinoff, 1951-)이다. 그는 '미국 철학 진료 협회'(APPA: American Philosophical Practitioners Association)를 창설했으며 지금도 회장 일을 맡고 있다. 독일어 표현 '필로조피쉐 프락시스(philosophische Praxis)'는 영어로는 '필로소피컬 프랙티스(philosophical practice)'로 번역된다. 이때의 프락시스(Praxis)나 프랙티스(practice)는 첫째로 의사의 개인 진료소나 변호사의 개인 사무실, 둘째로 개업의나 개업 변호사가 하는 일을 가리킨다. APPA라는 표현에 들어 있는 영어 프랙티셔너(practitioner)는 개업의(開業醫)를 말한다. 필로조피쉐 프락시스(philosophische Praxis)는 짧은 시간 안에 하나의 중요한 개념으로 확립되기에 이르렀다. 독일어권에는 중요한 철학 개

넘의 역사적 변천을 보여주는 『철학 개념사 사전』(Historisches Wörterbuch der Philosophie)이 있다. 모두 12권으로 된 이 방대한 사전은 중요한 철학 개념들을 표제어로 삼아서 각각 고대에서부터 현대에 이르기까지 어떤 변천을 거쳤는지를 자세히 보여준다. 필로조피쉐 프락시스(philosophische Praxis)가 이 사전에 등재되었다는 것은 이례적이다. 그것은 생겨난 지 얼마 안 되는 개념이 아주 빠른 속도로 '이성', '존재', '인식' 등과 나란히 서게 된 몇 안 되는 사례 가운데 하나라고 할 것이다. 필로조피쉐 프락시스(philosophische Praxis)를 우리말로 무엇이라고 할 것인지도 쉽지 않다. '철학 상담'이나 '철학 카운슬링' 혹은 이런 일을 하는 장소인 '철학 상담소'라고도 번역할 수 있을 것이다. 그러나 마음의 병, 영혼의 아픔을 고친다는 뜻에서 '철학 진료'나 그런 일을 하는 곳인 '철학 진료소'로 번역하고자 한다.

매리노프는 '질병'(disease)과 '불편함'(dis-ease)을 구별한다. 만일 당신이 '질병'을 앓고 있는 것이라면 적절한 의학적 진단과 치료를 받아야 할 것이다. 그렇지만 신체에는 이상이 없는데 '불편함'을 겪고 있는 것이라면 당신의 사고 방식과 생활 방식을 점검해 보아야 한다. '질병'의 경우에 의학과 약이 도움을 준다면, '불편함'의 경우에는 철학이 도움을 줄 수 있다. 그래서 매리노프는 '불편함'의 경우에는 항우울증 치료제 프로잭(Prozac)을 복용할 것이 아니라 철학으로부터 도움을 받는 것이 올바른 방법이라는 의미에서 "프로잭이 아니라 플라톤(Plato not Prozac)"이라는 표현을 동원한다. 메리노프의 철학 진료는 모두 5단계로 구성된다. 첫 번째 단계는 '문제'(Problem)의 단계이다. 이 단계에서는 나를 불편하게 만드는 것이 도대체 무엇인지를 분명히 하고 그것을 자신의 문제로 삼는다. 두 번째 단계는 '정서'(Emotion)이다. 앞의 '문제'가 발생시킨 정서를 검토한다. 세 번째 단계는 '분석'(Analysis)이다. 이 단계에서는 문제를 해결할 수 있을 방법과 대안을 열거하고 평가한다, 네 번째 단계는 '명상'(Contemplation)이다. 이 단계에서는 보다 넓은 전망을 확보한 상태에서 전체적 상황을 철학적 관점에서 통합한다. 다섯 번째 단계는 '평형'(Equilibrium)이다. 내가 당면한 문제의 본질을 파악하고 타당한 조치를 취한 다음 평온한 마음을 회복하는 단계이다. 매리노프는 자신의 진료 방법을 이 다섯 단계를 가리키는 다섯 단어의 머리글자를 조합해서 '마음의 지속적 평화를 가져다주는 방법'이라는 뜻으로 PEACE라고 칭한다.[44]

철학 진료를 둘러싼 움직임은 결코 새로운 것이 아니요 알고 보면 철학의 오랜 전통을 회복하는 일이기도 하다. 소크라테스와 소피스테스들 그리고 고전 시기 이후의 여러 학파들은 철학이 삶의 기술(ars vivendi)도 가르쳐야 한다고 생각했고 실제로 가르치기도 했다. 오늘날 서양 여러 나라에서 철학 전공자의 직업 전망을 논하는 글들을 보면 '철학 상담원'(philosophischer Barater)을 꼽고 있는 것을 흔히 본다. 철학자가 의사, 변호사, 심리학자처럼 진료소 혹은 상담소를 차리고 상담에 응하는 것이다. 현대사회의 특징 가운데 하나는 급속한 변화가 일어나고 있어서 멈출 수도 없고 속도를 조절하기도 어렵다는 점이다. 그래서 현대를 광속(光速)의 시대라고 부를 만하다. 이런 광속의 변화는 그 미친 듯한 속도(狂速)로 인해 철학 진료를 필요로 하는 많은 사람들을 생겨나게 할 것이고, 철학은 이 과제를 기꺼이 떠맡음으로써 현실 연관성을 회복하는 다시없는 기회로 삼을 수 있을 것이다.

소크라테스는 재물이 최대한 많아지는 것, 명성(doxa)이나 명예(time)를 얻는 것에 대해서는 마음 쓰면서 사려 분별(phronesis), 진리(aletheia), 혼(psyche)이 최대한 훌륭해지도록 하는 일에 대해서 마음 쓰지 않는 것은 부끄러운 일이라고 질타한다.[45] 그는 자신이 돌아다니면서 하는 일은 혼이 최선의 상태가 되도록 마음 쓰기보다는 몸이나 재물에 마음 쓰는 일이 없도록 하라고 설득하는 일이라고 한다. 재물로 인해서 사람으로서의 훌륭함(arete)이 생기는 것이 아니라, 사람으로서의 훌륭함으로 인해서 재물이나 그 밖의 다른 모든 것도 사람에게 좋은 것이 되는 것이다.[46]

한때 '몸짱'이라는 말이 유행한 적이 있었다. 소크라테스의 "혼을 돌보라."는 당부와는 완전히 반대인 풍조를 나타내는 단어이다. 한심하다고 생각하고 있었는데 얼마 지나지 않아 '얼짱'이라는 말도 생겨났다. 나는 속으로 외쳤다. "그럼 그렇지! 이제야 균형을 맞추는군." '얼'이라는 단어는 '정신'이나 '혼'을 가리키는 순우리말이 아닌가. 예전 〈국민교육헌장〉에서도 "조상의 빛난 얼을 오늘에 되살려"란 표현이 있었다. 그런데 그게 아니었다. 내 추정은 보기 좋게 빗나갔다. '얼짱'은 '얼굴이 짱인 놈'으로 '혼'과는 아무 상관이 없고 그토록 못마땅했던 '몸짱'에서 더욱 악화된 표현이었던 것이다. '몸짱'이나 '얼짱' 되기를 바랄 것이 아니라 '혼짱'이나 '마음짱'이 되기를 바라야 할 것이다. "혼을 돌보라."는 소크라테스의 당부는 여전히 유효하다.

소크라테스의 최후

제자들과의 대화가 끝나고 소크라테스는 목욕을 하고서 독약을 마시면 여인들이 주검을 목욕시키는 수고를 하지 않게 되어 더 나을 것이라고 말한다. 그는 자리에서 일어나 목욕을 하러 어떤 방으로 들어갔는데 크리톤만은 그를 따라 들어가면서 나머지 일행에게는 기다리라고 지시한다. 목욕을 마치고 나와 집안 여인들과 세 아들을 다시 만나 자신이 원하는 것들을 일러주고는 감옥 밖으로 내보낸다. 형을 집행하는 임무를 수행하는 '11인 위원회' 관리가 소크라테스에게 마지막 인사를 한다. 그 관리는 다른 사람들은 독약을 마실 것을 명하면 화를 내고 저주를 퍼붓기도 하는데 당신은 그렇게 하지 않으리라는 것을 잘 안다고 한다. 그는 소크라테스야말로 여태껏 자신이 감옥에서 본 이들 가운데 가장 고귀하고(gennaiotatos), 가장 온유하며 (praotatos), 가장 훌륭하신(aristos) 분이었다는 것을 고백한다.[47] 감옥 관리조차 소크라테스의 인품에 감화되어 세 개의 최상급 형용사를 써서 그를 칭송하고 있다. 관리는 편히 가라는 인사를 하고 불가피한 것들은 되도록 수월하게 견디어 내시라고 당부하면서 눈물을 흘리며 돌아선다.

이제 때가 되고 말았다. 소크라테스는 이 관리가 예의바르고 상냥했으며 지금도 자신을 위해 울고 있다면서 이 사람이 권하는 대로 따르자고 한다. 그는 이미 독약을 지었으면 가져오게 하고, 아직 짓지 않았으면 지으라고 한다. 크리톤이 안타까운 마음에서 아직 해가 산등성이에 있지 진 게 아니고, 다른 사람들 같으면 지시가 내려진 뒤에도 아주 늦어서야 독약을 마신다고 말해 보지만 소크라테스가 이 말을 따를 리 만무하다. 소크라테스는 "이제 안에 남아 있는 것이 전혀 없는 터에 아낀다"는 격언 조의 말을 통해 이런 일에서 시간을 끄는 것은 비웃음을 자초할 뿐이라고 한다. 결국 크리톤이 시중드는 소년을 보내 독약을 주게 될 사람을 불러들인다. 무엇을 어떻게 해야 하느냐는 소크라테스의 물음에 관리는 독약을 마시고서 다리에 무거움을 느끼게 될 때까지 이리저리 거닐다가 누우면 된다고 대답한다. 드디어 소크라테스가 잔을 입에 대고 침착하게 그리고 편안히 잔을 비운다. 그때까지 울음을 참던 일행이 일제히 울음을 터뜨리자 소크라테스가 숙연한 가운데 죽음을 맞아야 하니 의연하게 있으라고 당부한다. 관리의 지시대로 그는 이리저리 거닐다가 두 다리가 무거워지자 자리에 눕는다. 독약을 주었던 관리는 무엇인가로 얼굴을 덮은 채로 누워 있는 소크라테스의 다리를 세게 누르고는 느낌이 있느냐고 묻는다. 다음에는 정강이로 올라간다. 이렇게 점점 위로 옮겨 가며 눌러 보면서 소크라테스의 몸이 굳어가고 있음을 보여주는 것이다. 얼마 지나지 않아 크리톤이 할 말이 있느냐고 물었는데 소크라테스는 아무 대답도 하지 않았다. 조금 지나서는 몸을 떨었다고 한다. 관리가 얼굴에 덮었던 것을 걷으니 소크라테스의 두 눈이 더 이상 움직이지 않았다. 그러자 크리톤이 입을 다물게 해 드리고 두 눈을 감겨 드렸다고 한다.

소크라테스의 최후를 묘사한 플라톤은 앞서 '11인 위원회' 관리가 그랬던 것처럼 세 개의 최상급 형용사가 들어 있는 문장으로 대화편 『파이돈』을 끝맺는다. "바로 이것이 우리가 알게 된 사람들 가운데 가장 훌륭하고(aristos), 가장 지혜롭고(phronimotatos), 가장 올바른(dikaiotatos) 사람의 최후였다."[48]

죽음의 연습으로서의 철학

플라톤의 여러 대화편들이야말로 '죽음'과 '혼의 불멸'을 잘 드러낸다고 할 수 있다. 고대 철학 연구자 라인하르트(K. Reinhardt)가 지적하듯 플라톤에게서 죽음이라는 주제가 어떤 방식으로든 개진되지 않는 대화편은 없다고 할 수 있다.[49] 플라톤에서는 '죽음'의 문제가 항상 '혼의 불멸성'이라는 주제와 연관되어 있다. 플라톤에게 철학은 불멸에 이르는 길이다. 그것은 불멸의 존재를 경험하는 일에 임시로 들어서는 것으로서든 아니면 죽음 이후에 불멸하는 존재에 도달하는 길로서든 그러하다.

『파이돈』에서 철학은 '죽음의 연습'(melete thanatou)으로 규정된다.[50] 이 구절은 죽음을 추구한다는 것으로 파악될 수 있을 뿐만 아니라 동시에 불사를 추구한다는 것으로도 이해될 수 있다. 플라톤에 따르면 철학한다는 것(philosophieren)은 죽는 것(sterben)이다. 그런데 죽음이란 혼이 육체로부터 분리되는 것이다. 육체로부터 해방된 혼은 불멸의 것이다. 플라톤에 따르면 철학적 사유라는 운동의 목표는 어떤 이론, 학설, 체계를 전개하는 데 있는 것이 아니라 혼이 특정한 상태에 이르도록 하는 데 있다. 이 상태는 결국 죽음을 통해서야 비로소 도달된다. 올바르게 철학한다는 것은 혼을 육체가 원하는 것에 될 수 있는 대로 덜 따르게 하고 혼이 항상 그 자체로만 모여 있도록 애쓰는 것이다.[51] 혼이 육체로부터 해방되는 데에 대한 요구는 불멸성에 대한 요구이다. 인간은 본성상 죽지 않을 수 없기 때문에 인간의 혼이 불멸하다는 것은 혼이 초인간적인 방식으로, 신적인 것의 생활 방식으로 들어선다는 것을 뜻한다. 즉 육체로부터 해방된 혼은 신적인 것에 아주 가까이 서 있다. 철학자는 혼이 사후에도 그 혼과 닮은 신적인 것에 도달하기를, 비교(秘敎) 언어로 표현하자면 '신들과 함께 지내기를'[52] 기대한다. "신들의 세계에 들어가는 것은 철학하지 않고 완전히 순수한 상태로 떠나지 않은 사람에게는 결코 허용되지 않는다."[53]

사랑은 죽음도 넘어선다

플라톤의 대화편 『심포시온』(Symposion)의 주제는 '사랑'(eros)이다. 아프로디테의 아들 에로스(Eros)를 많은 예술가들이 회화나 조각으로 형상화 했다. 대부분의 작품에서 에로스는 금발의 곱슬머리를 한 귀여운 아기로 표현된다. 에로스는 등 뒤에 화살통을 메고 있고 활시위를 당기는 동작을 취한다. 에로스의 화살통에는 두 종류의 화살촉을 가진 화살들이 들어 있다고 한다. 황금 화살촉으로 된 에로스의 화살을 맞으면 사랑하지 않을 수 없고, 반면에 납 혹은 구리 화살촉으로 된 화살을 맞으면 사랑을 받아들일 수 없다고 한다. 어떤 화살촉의 화살을 맞느냐에 따라 완전히 다른 결과가 나오는 것이다. 바로크 시대 이탈리아 화가 카라바지오(Caravaggio, 1571-1610)는 독특했던 생애만큼이나 특이한 에로스 그림을 남겼다. 그의 그림 〈승리자 아모르〉에서는 사랑스러운 아기 에로스가 아니라 제법 자란 소년 에로스의 벌거벗은 육체가 적나라하게 드러난다. 아모르(Amor)는 희랍 신화의 에로스를 로마 신화에서 라틴어로 부르는 이름이다. 아기의 벗은 몸과 소년의 벗은 몸은 다른 인상을 준다. 카라바지오는 이 그림에 라틴어 문장을 써 넣었다.

아모르 빈치트 옴니아(Amor vincit omnia).

"사랑은 모든 것을 이겨낸다."(Love conquers all.) 사랑은 죽음도 넘어선다.

정신분석학자 프로이트(S. Freud)는 인간에게 두 종류의 원초적 본능이 있다고 한다. '사랑'(eros)의 본능과 '죽음'(thanatos)의 본능이 바로 그것이다. 『심포시온』에서 사랑에 대한 첫 번째 연설 주자로 나서는 파이드로스는 죽음도 넘어서는 사랑의 힘을 이야기 한다.[54]

사랑하는 자들만이 누군가를 위해 기꺼이 죽으려 한다. 남자들만 그런 것이 아니라 여인들도 그렇다. '죽음을 이기는 사랑의 힘' 첫 번째 이야기의 주인공은 알케스티스(Alkestis)이다. 테살리아에 있는 이올코스의 왕 펠리아스(Pelias)의 딸이요 같은 지역 페라이의 왕 아드메토스(Admetos)의 아내인 알케스티스는 자기 남편을 위해 기꺼이 죽고자 했다. 아드메토스는 아폴론의 도움을 받아 알케스티스와 결혼하게 되었는데, 결혼식 때 아르테미스 여신에게 제물 바치는 것을 잊는 바람에 미움을 사 죽을 처지에 몰린다. 아폴론이 누이인 아르테미스를 달래 위기를 모면하게 된다. 아드메토스가 죽을 차례가 되었을 때 아폴론은 누군가 대신 죽을 사람을 내세우면 죽음을 면해 주

─── 승리자 아모르
카라바지오, 1602년, 베를린 국립회화관, 출처: 위키피디아.

도록 운명의 여신들을 설득한다. 다들 망설이는데 알케스티스만 대신 죽기를 자청하고 나선다. 이후 이야기 전개에는 두 종류가 있다. 에우리피데스(Euripides)의 작품 〈알케스티스〉에서는 마침 손님으로 와 있던 헤라클레스가 환대에 대한 보답으로 알케스티스를 구해준다. 또 한 가지 이야기 전개는 플라톤이 『심포시온』에서 소개하고 있는 것으로서 알케스티스의 지극한 사랑에 감동한 하데스와 페르세포네가 그녀를 남편 곁으로 돌려보내 주었다는 것이다. 아드메토스에게는 아버지와 어머니가 있었지만 알케스티스의 사랑은 그들의 사랑을 훨씬 뛰어넘었다. 인간들뿐만 아니라 신들도 알케스티스가 아주 아름다운 일을 해낸 것으로 여겨 하데스로부터 그녀의 혼을 내보내 주었다. 신들이 하데스로부터 누군가의 혼을 내보내 주는 것은 극히 드물게 벌어지는 일이요, 소수에게만 주어지는 상이다.

'죽음을 이기는 사랑의 힘' 두 번째 이야기의 주인공은 오르페우스(Orpheus)이다. 오르페우스는 희랍 신화 등장 인물 가운데 최고의 시인이요 음악가이다. 오르페우스와 그 아내 에우리디케(Eurydike) 이야기는 영화, 오페라, 소설 등으로 재창조되었다. 오르페우스는 트라키아 왕 오이아그로스와 무사(Mousa, 영어로 Muse)인 칼리오페 사이에 태어난 아들이다. 아르고 호 항해에 참가하여 음악으로 많은 도움을 주었으며, 트라키아로 돌아와 에우리디케와 결혼한다. 그런데 얼마 후 에우리디케는 미모에 반해 쫓아오는 아리스타이오스로부터 도망치다가 뱀을 밟아 그 뱀에 물려 죽음을 맞는다. 슬픔에 빠진 오르페우스는 하데스로 찾아가고, 하데스와 페르세포네도 그의 사랑에 감동한다. 그래서 한 가지 조건을 걸어 아내를 데려가도록 허락한다. 그 조건이란 오르페우스가 앞장 서 걷되 지상에 이르기까지 절대로 뒤돌아보지 말아야 한다는 것이다. 그 귀결을 두고는 오르페우스가 이 조건을 잘 지켜 결국 하데스로부터 아내를 무사히 데리고 나왔다는 해피엔딩 버전도 있지만, 그 반대의 비극적 결말이 더 우세하다. 오르페우스는 거의 지상에 도달할 즈음 기쁜 마음에 그만 자제력을 잃고는 "돌아보지 말라."는 금기를 깨고 에우리디케를 확인하느라 뒤돌아보게 되고 그 순간 에우리디케는 안개의 정령으로 변해 하데스 안 쪽으로 사라져 버린다. 자신의 잘못으로 마지막 순간에 일을 그르친 오르페우스는 큰 슬픔에 빠져 지내다가 트라키아의 마이나스들에 의해 갈가리 찢겨 죽게 된다. 머리만은 찢김을 면해 강에 떨어져 바다로 흘러가는 동안에도 계속 에우리디케를 불렀다고 한다. 레스보스(Lesbos) 섬에 이르러 사람들이 머리를 건져 올려 장례를 치러 주었고, 그 후로 레스보스 섬 사람들은 남다른 시적 소양을 지니게 되었다고 한다. 『심포시온』에서는 오르페우스가 목적을 달성하지 못한 것은 사랑을 위해 목숨을 버리기보다는 키타라 가수로서 유약하여 살아서 하데스에 들어갈 궁리만 한 탓에 벌을 받은 것이라고 한다. 그러니까 오르페우스의 사랑은 알케스티스의 사랑에 미치지 못한다고 평가받고 있는 셈이다.

'죽음을 이기는 사랑의 힘' 세 번째 이야기의 주인공은 아킬레우스(Achilleus)이다. 아킬레우스는 전쟁터로 나아가기 전에 어머니 테티스로부터 그가 헥토르를 죽이면 그도 죽게 될 것이지만 죽이지 않으면 집으로 돌아가 늙어서 죽을 것이라는 예언을 들었다. 그런데도 그는 파트로클레스에 대한 복수를 하고서 그를 뒤따라 죽기까지 했다. 아킬레우스와 파트로클레스는 그리스 고대 세계 특유의 소년애(少年愛, 희랍어로 paiderastia, 영어로 pederasty)로 맺어진 사이였다. 『심포시온』에서는 신들은 아킬레우스의 사랑을 알케스티스의 사랑보다 더 높게 평가한다고 말한다. 남녀 사이의 사랑보다도 파이데라스티아를 더 중요하게 보는 고대 그리스 세계의 특징이 드러나는 대목이다. 그래서 신들은 아킬레우스를 '축복받은 자들의 섬들'(makaron nesoi, 極樂群島)로 보내주었다고 한다. 『심포시온』에 소개된 죽음도 넘어서는 사랑의 세 사례

사이에는 서열이 있다. 신들에게는 아킬레우스의 사랑이 가장 마음에 드는 사랑이고, 두 번째는 알케스티스의 사랑이요, 그 다음이 오르페우스의 사랑이다.

죽음의 극복: 불후에 대한 의지

죽으면 썩는다. 죽어야 썩는다. 썩지 않는다는 것은 죽지 않는다는 것, 죽음을 극복했다는 것이다. 『심포시온』에서 플라톤은 불후(不朽)에 대한 의지를 말한다. 사랑이 추구하는 것은 '육체적으로나 정신적으로 아름다운 것 속에서 출산하는 일'[55]이다. 그런데 이 출산이라는 목표는 불사의 것으로 신적인 것이다. 인간은 브로토스(brotos, 라틴어로 mortuus, 영어로 mortal)라는 표현이 이미 보여주듯 본질적으로 죽어야 하는 존재이다. 임신과 출산은 "신적인 일이요 가사적(可死的) 존재 속에 있는 불사의 어떤 것"[56]이다. 에로스의 최종 목표는 아름다움이 아니라 아름다운 것 속에서 출산하는 것인데, 그 까닭은 "바로 이 출산이 영원한 것이고 가사적 존재 안에서 불사의 어떤 것이기 때문이다."[57] 인간이 자식을 스스로의 분신(分身)으로 본다는 것은 이런 맥락에서 이해할 수 있을 것이다.

그런데 인간에게는 죽지 않는 또 한 가지 방식이 있다. 사후 세계에서 그 행위를 통해 얻게 되는 명예가 바로 그것이다. 불후의 명성을 위해 "모든 사람은 무슨 일이든 하는 것이고 우수한 사람일수록 그러한데 그 까닭은 그들이 사랑하는 것이 불사의 것이기 때문이다."[58] 사람은 그 자식을 통해서 자신의 삶에 대한 기억을 확보할 수 있는데, 이것은 육체적으로 영원히 사는 것이다. 그런데 혼의 관점에서 영원히 사는 일도 있다. 혼이 영원히 산다는 것에 이끌리는 사람은 정신적 성과를 추구한다. 플라톤이 이런 것에 대한 예로 든 것은 호메로스나 헤시오도스와 같은 시인들, 리쿠르고스나 솔론과 같은 입법가들이다. 그러나 시인들과 입법가들만 불후의 명성을 누리는 것은 아니다. 모든 사람은 이름을 남긴다. 우리 속담에도 "호랑이는 죽어서 가죽을 남기고, 사람은 죽어서 이름을 남긴다."고 하지 않았던가. 그런데 이름을 남긴다는 것은 상반된 두 가지 방식으로 이루어진다. 빛나고 영예로운 방식만 있는 것이 아니다. 두고두고 악명을 떨치는 수도 있다. 영어 형용사 노토리어스(notorious)가 꼭 이런 경우에 쓰인다. 우리가 '빌라도'라고 부르는 이의 라틴어 이름은 '필라투스'(Pilatus)이다. 예수가 처형되던 시기 유대 지방 로마 총독으로 일체 과정을 주관했던 자이다. 이 이름은 예수를 죽음으로 몰아넣은 자의 이름으로서 두고두고 악명을 떨쳤다. 스위스 루체른(Luzern)에는 이 이름의 산이 있다. 부정적인 의미의 불후의 명성의 대표 사례이다. 현지 사람들이 전하는 전설에 의하면 예수 처형의 책임자인 필라투스는 어디에서도 발붙이고 살지 못해 이곳저곳 떠돌아다니다가 마침내 루체른에서 간신히 작은 평화를 허락받아 험준한 산이 되었다고 한다.

이름을 남겨야 한다는 강박증이 우리에게 있는 것은 아닐까? 훌륭한 생각과 행위는 오래도록 이름이 남도록 만든다. 그런데 등산로의 바위, 심지어는 나무에까지 자신의 이름을 남기려는 사람들이 있다. 부끄러운 이름으로 남는다는 것을 왜 모르는 것일까? 아슬아슬 하게 서 있는 바위에 힘들여 자기 못난 이름을 큼지막이 새기고는 어떤 경우에는 페인트를 칠해 놓기도 한다고 한다. 전국을 다니면서 이런 부질없는 시도를 없애는 일을 하는 봉사대도 있다. 필자가 경험한 최악의 사례는 스위스 루체른에 남은 한글 낙서이다. 아름다운 도시 루체른의 한복판을 가로지르는 강에는 오래된 지붕 덮인 목조 다리가 있다. '조그만 성당에 이르는 다리'라는 뜻으로 카펠교라 불리는 이 다리는 루체른의 대표 상징물이다. 어쩌면 이 다리 입구에 '한국인 출입 금지'를 알리는 표지판이 세워질는지 모른다. 한글 낙서로 도배되다시피 한 이 다리에서 부끄러움을 느꼈다. 누구누구 다녀갔다는 둥, 누구누구 사랑한다는 둥의 한글 낙서를 남의 나라 문화재에 새겨 놓고 오는 한국 사람들은 이름을 남긴다는 것의 참된 의미를 모르는 사람들이다.

에르의 열이틀 저승 여행

플라톤의 『국가』(Politeia) 제10권은 내용상 거의 반분되어 있다. 전반부는 시(詩)에 대한 논의이고, 후반부는 올바른 삶에 대한 보상이 다루어진다. 이 후반부 논의에서 '에르 신화'가 등장한다. 에르(Er)라는 이름은 「창세기」 38:3-8 및 「누가 복음」 3:28에도 나오는 이름인데, 이 신화는 플라톤이 죽음과 사후 세계를 이야기하기 위해 꾸며낸 것으로 추정된다.[59]

팜필리아(Pamphylia) 종족 아르메니오스(Armenios)의 아들 에르는 용감한 남자인데 언젠가 전투에서 죽었다. 죽은 지 열흘이 지나 이미 썩어가고 있던 다른 시체들과는 달리 온전한 상태로 수습되어 장례를 치르기 위해 집으로 옮겨졌다. 죽은 지 열이틀째 되는 날 장례를 치를 예정이었는데 그가 화장하기 위한 장작더미 위에서 되살아났다. 그는 저승에서 본 것들을 말해 주었다.

에르의 혼이 육신을 벗어난 뒤에 다른 많은 혼과 함께 여행을 한다. 혼들은 어떤 신비스러운 곳에 이르게 되었다. 이곳에는 땅 쪽으로 두 개의 넓은 구멍이 나란히 나 있었고, 하늘 쪽으로도 다른 두 개의 넓은 구멍이 나 있었다. 그런데 이 신비스러운 곳에 심판자들이 앉아 심판을 하고서 올바른 자들에게는 심판받은 내용의 표지를 앞에 두르게 하여 오른쪽의 하늘로 난 구멍을 통해 윗길로 가도록 지시했다. 반면에 올바르지 못한 자들에게는 그들 행적의 표지를 등에 달고 왼쪽의 아랫길을 가도록 지시했다고 한다. 에르가 심판자들에게 나아갔을 때 그들은 그가 그곳 일들을 사람들에게 알려주는 자가 되어야 한다면서 그곳 일들을 모두 보고 듣도록 지시했다고 한다. 그래서 그는 거기에서 혼들이 심판을 받고 하늘과 땅의 각 구멍을 따라 떠나는 것을 보았다. 그런데 또 다른 두 구멍이 있어서 한쪽으로는 땅 쪽에서 오물과 먼지를 뒤집어쓴 혼들이 도착하고, 다른 쪽으로는 다른 순수한 혼들이 하늘 쪽에서 내려오더라고 한다. 그리고 이 도착하는 혼들은 오랜 여행을 하고 온 것으로 보였으며, 마치 축제에 참가하듯 반갑게 초원으로 가서 야영을 하게 된다고 한다. 혼들끼리는 반기는 인사를 하였고, 땅 쪽에서 온 혼들은 다른 쪽에서 온 혼들한테 그곳 일들을 묻고, 하늘 쪽에서 온 혼들은 다른 쪽에 그곳 일들을 물었다고 한다. 땅 쪽에서 온 혼들은 지하의 여행에서 얼마나 많은 일들을 겪었는지를 비탄과 통탄을 하면서 이야기했고, 하늘 쪽에서 온 혼들은 자신들이 잘 지낸 일과 아름다운 구경거리들을 이야기했다고 한다. 그런데 이 여행은 천 년이 걸린다고 한다. 사람들은 언젠가 누구한테건 올바르지 못한 짓을 한 그만큼 벌을 받는데, 각각에 대해 열 배로 받는다고 한다. 그러니까 인간의 수명을 백 년으로 쳐서 올바르지 못한 일을 저지른 사람은 천 년에 걸쳐 벌을 받는다는 것이다. 다른 사람의 죽음에 대해 책임이 있다면 그 열 배의 고통을 받을 것이요, 선행을 했다면 같은 식으로 그 대가를 받게 될 것이라고 한다. 이를테면 아르디아이오스(Ardiaios)라는 참주(僭主)의 경우 천 년 전에 참주가 되어 연로한 아버지와 형을 죽였을 뿐만 아니라 많은 불경한 짓들을 저질렀는데 아직 이 신비로운 초원으로 오지 않았지만, 앞으로도 결코 오지 않을 것이라고 한다. 아르디아이오스와 같은 참주들이 다른 혼들과 함께 막 위로 오르려고 입구에 다가서면 이 입구를 지키는 사납고 불 같은 자들이 큰소리를 내지르며 이들의 팔다리와 머리를 한데 묶어서는 아래로 내던져 살갗이 벗겨지도록 두들겨 주고 가시덤불 같은 고문기구로 문질러 놓는다고 한다. 이들은 지나가는 이들에게 그 연유를 알려 주며 그들이 타르타로스(Tartaros)에 떨어뜨려지게 될 것이라고 말해 주었다고 한다. 다른 혼들도 자기의 경우에도 큰소리로 혼나지 않을까 조마조마해 하다가 다행히 무사히 위로 오를 수 있게 되면 크게 반가워했다고 한다.

7일째 되는 날 일행은 초원을 떠나 다시 여행을 시작하는데 그로부터 나흘 만에, 그러니까 길 떠난 지 열하루째 되는 날에는 천구와 지구를 관통해서 기둥처럼 뻗쳐 있는 곧은 빛을 위에서 내려다볼 수 있게 되었다고 한다. 아낭케(Ananke) 여신의 방추(희랍어 atraktos, 영어로 spindle, 紡錘) 등 천문학적 설명이 이어지는데, 연구자들은 상징적 의미로 받아들인다. 방추는 아낭케의 무릎에서 돌고 있었으며, 아낭케의 딸들인 운명의 여신들(Moirai)이 소복을 입고 머리에는 화관을 두르고 빙둘러 같은 거리를 두고 옥좌에 앉아 있다고 한다. 이 운명의 세 여신이 세이렌들의 화음에 맞추어 노래를 부르는데, 라케시스(Lachesis)는 과거의 일들(ta gegonota)을, 클로토(Klotho)는 현재의 일들(ta onta)을, 아트로포스(Atropos)는 미래의 일들(ta mellonta)을 노래한다고 한다. 혼들이 거기에 도착해 라케시스에게로 나아가지 않으면 안 되었는데, 한 대변자가 그들을 정렬시키고는 라케시스의 무릎에서 제비와 삶의 표본들을 집어 들고서는 높은 단 위에 올라 말했다고 한다. "이는 아낭케의 따님이며 처녀이신 라케시스의 말씀이다. 하루살이인 혼들이여, 이것은 죽기 마련인 종족의 죽음을 가져다 주는 또 다른 주기의 시작이다. 다이몬(daimon)이 그대들을 제비로 뽑는 게 아니라 그대들이 다이몬을 선택하리라. 첫 번째 제비를 뽑는 자는 자신이 반드시 함께 할 삶을 맨 먼저 선택하게 되리라. 홀륭함 (德, arete)은 그 주인이 없어서, 저마다 그것을 귀히 여기는가 아니면 대수롭지 않게 여기는가에 따라, 그것을 더 갖게 되거나 덜 갖게 되리라. 그 탓은 선택한 자의 것이지, 신을 탓할 일이 아니니라." 이런 말을 하고서 그가 모두를 향해 제비들을 던져 주었는데, 에르를 제외하고는 저마다 자기 옆에 떨어진 것을 집어 들었다고 한다. 제비를 집어 든 자에게는 자신이 몇 번째 것을 뽑게 되었는지가 분명했다고 한다. 그 다음으로 이번에는 삶의 표본들이 그들 앞 땅바닥에 놓였는데, 그 수는 그 자리에 있는 혼들보다 훨씬 많았다고 한다. 게다가 모든 동물의 삶과 모든 인간의 삶이 있어서 종류도 가지가지였다고 한다. 참주 신분도 있고, 어떤 것들은 일생 동안 지속되는 것들인 반면, 어떤 것들은 중도에 몰락하여, 가난과 망명 그리고 구걸 신세로 끝나는 것들이라고 한다. 준수함, 건강 또는 운동으로 저명한 자들의 삶도 있고, 가문과 조상들의 홀륭함으로 인해 저명한 삶들도 있는가 하면, 불명예스러운 자들의 삶들도 있고, 여인들의 삶들도 있었다고 한다. 그 대변자는 이렇게 말했다고 한다. "마지막으로 오는 자에게도, 만약에 그가 이성적으로 선택하여 진지하게 사는 자라면, 나쁘지 않은 만족할 만한 삶이 있느니라. 맨 먼저 선택하는 자는 경솔히 하는 일이 없도록 할 것이며, 마지막에 선택하는 자도 낙담하지 말지어다."

대변자의 말이 끝나고 첫 번째 제비를 뽑은 자는 무분별과 탐욕으로 인해 모든 것을 충분히 살피지 않고 참주 신분을 선택했는데, 이 선택은 제 자식들을 먹게 되는 운명과 그 밖의 나쁜 일들을 겪게 되는 운명이 포함되어 있는 것을 주목하지 못한 결과였다. 시간이 지나자 제 가슴을 치며 자신의 선택을 통탄한 이 자는 하늘 쪽에서 온 자들 가운데 하나였다고 한다. 이 자는 전생에 질서 정연한 정치체제에서 살았으며 지혜에 대한 사랑 없이 습관에 의해 훌륭함에 관여했다고 한다. 이런 처지에 빠지는 자들 중 적지 않은 수가 하늘 쪽에서 온 자들인데, 그것은 힘든 일로 단련 받은 일이 없었던 탓이라고 한다. 반면에 땅 쪽에서 온 자들 중에서 다수는 자신들도 고생했지만 남들이 고생하는 것도 목격했기 때문에 대뜸 선택을 하지는 않았다고 한다. 이 때문에 그리고 제비뽑기의 운수 때문에 대다수의 혼에게는 나쁜 일들과 좋은 일들의 역전이 일어났다고 한다. 만약 어떤 이가 이승에 살면서 언제나 지혜를 사랑하고(철학하고) 선택의 제비가 마지막 쪽 차례에 떨어지지만 않는다면, 이승에서도 행복할 뿐만 아니라 저승으로 가는 길도 그리고 다시 이리로 돌아오는 길도 땅 쪽에서 오는 거친 길이 아니라 하늘 쪽에서 오는 부드러운 길을 따라서 올 것이라고 한다.

에르가 전하기로는 각각의 혼이 자신의 삶을 어떻게 선택하는지는 볼 만한 구경거리였다고 한다. 보기에 딱하기도 하고, 우습기도 하고, 놀랍기도 했는데, 대개는 전생의 습관을 따라 선택하더라고 한다. 이를테면 이전에 오르페우스의 것이었던 혼이 백조의 삶을 선택하는 것을 보았는데, 이는 여인들이 자기를 죽였기 때문에 갖게 된 여성에 대한 미움으로 여인 안에 잉태되어 태어나기를 바라지 않아서라고 한다. 노래라면 무사 여신들과 겨루어도 이길 수 있다고 뽐내다가 여신들의 미움을 사 눈이 멀고 목소리도 빼앗긴 타미라스(Thamyras)의 것이었던 혼은 밤꾀꼬리의 삶을 선택하는 것을 보았다고 한다. 이와는 반대로 백조가 인간의 삶을 선택하는 것도, 다른 음악적인 동물들이 마찬가지로 그러는 것도 보았다고 한다. 아이아스(Aias)는 트로이아전쟁에 참가한 헬라스 장수들 가운데 용맹에 있어서는 아킬레우스에 버금가는 자인데 스무번째 제비를 뽑고는 무장에 대한 판결을 기억하고 사자의 삶을 선택함으로써 인간으로 태어나기를 피했다고 한다. 아가멤논의 혼은 자신의 수난으로 인간 종족을 증오하여 독수리의 삶으로 바뀌길

바랐다고 한다. 경주에서 자기에게 이기는 남자와 결혼하겠다고 공언하고 경주에서 진 구혼자들을 살해한 아탈란타(Atalanta)의 혼은 중간쯤의 차례를 뽑았는데 한 남자 운동선수의 큰 명예를 보고서는 그냥 지나칠 수 없어 그 것을 취하더라고 한다. 아테나 여신의 도움으로 트로이아의 목마를 만든 것 으로 유명한 에페이오스(Epeios)의 혼은 여성 장인의 부류로 옮겨 가는 것을 목격했다고도 한다. 트로이아 원정에 참가한 병사로서 익살맞은 테르시테 스(Thersites)의 혼은 원숭이 차림을 하고 있더라고 한다. 오디세우스(Odysseus) 의 혼은 맨 나중 차례를 뽑아 선택을 하러 나아갔는데 이전의 고난에 대한 기억 때문에 명예욕에서 해방되어서는 오랫동안 돌아다니며 편안한 사인 (私人)의 삶을 찾더니 남들이 거들떠보지도 않은 채로 있던 것을 기어이 찾아 냈다고 한다. 오디세우스는 설령 자신이 첫 번째 제비를 뽑았더라도 똑같은 선택을 했을 것이라고 말했다고 한다. 이런 식으로 다른 짐승들에서 사람들 로, 사람들에서 다른 짐승들로의 이행이 이루어지고, 올바르지 못한 것들은 사나운 것들로, 올바른 것들은 유순한 것들로 바뀌는 등의 온갖 섞임이 일 어났다고 한다.

이런 식으로 모든 혼이 자신의 삶을 선택한 다음 제비뽑기를 했던 순서 대로 차례로 라케시스에게로 나아갔다고 한다. 여신은 각자에게 각자가 선 택한 다이몬을 그 삶의 수호자로서, 그리고 선택된 것들의 이행자로서 딸려 보냈다고 한다. 다이몬은 혼을 먼저 클로토에게로 인도하여, 여신의 손과 방추의 회전운동이 진행되고 있는 아래쪽으로 가서, 제비뽑기를 한 혼이 선 택한 운명을 확인받았다고 한다. 다이몬은 다시 혼을 아트로포스가 운명의 실을 잣는 데로 인도하여 일단 꼰 운명의 실은 되돌릴 수 없도록 만들었다 고 한다. 그리고 나서 아낭케의 옥좌 아래로 갔다고 한다.

이제 혼들은 무섭도록 이글거리며 숨이 막히는 무더위를 견디며 '망각

(Lethe)의 평야'로 나아갔다고 한다. 이곳은 나무도 없고 땅에서 자라는 것이라고는 아무것도 없는 곳이라고 한다. 그런데 이미 저녁도 되고 해서 그들은 '무심의 강'(無心川, ameletes potamos) 옆에서 야영을 하게 되었는데, 이 냇물은 어떤 그릇으로도 담을 수 없는 것이라고 한다. 그래서 이 물은 모두가 어느 정도 마시기 마련인데 분별의 도움을 받지 못한 자들은 정도 이상으로 마시게 된다고 한다. 일단 이를 마시게 된 자는 모든 것을 잊어버리게 된다고 한다. 그들이 잠이 들고 밤중이 되었을 때 천둥과 지진이 일더니 갑자기 그들이 이곳으로부터 저마다 뿔뿔이 제 출생을 향해 마치 유성처럼 위로 이동해 가더라고 한다. 그런데 에르의 경우에는 그 냇물을 마시는 것을 제지당했다고 한다. 자신이 어떤 식으로 해서 제 몸속으로 돌아오게 되었는지는 알지 못하지만, 꼭두새벽에 눈을 뜨자 자신이 화장(火葬)을 위한 장작더미 위에 놓여 있는 것을 보게 되었다고 한다.

에르의 저승 여행은 많은 이의 상상력을 자극해 왔다. 아낭케의 방추를 둘러싸고는 숱한 억측이 있지만 여전히 이해하기 어려운 대목이다. 특히 연구자의 주목을 끈 것은 '망각의 평야'와 '망각의 강'이다. 이글거리는 태양 아래 나무 한 그루 없는 망각의 평야를 힘겹게 지나가야 한다. 어렵사리 망각의 강에 도달하여 이미 저녁이 된 탓에 야영을 한다. 이 강의 물은 어느 그릇으로도 담을 수 없다. 그저 입을 대고 들이마시는 수밖에 없다. 하루 종일 뙤약볕 속을 걸어왔으니 분별심의 크기에 따라 물을 들이킬 것이다. 분별심이 없는 이는 양껏 들이마실 터이고, 분별심이 많은 이는 겨우 갈증을 해소할 정도로 마실 것이다. 그런데 이 강이 어떤 강인가? '망각의 강'이다. 따라서 마시는 양만큼 망각에 이른다. 분별심이 없는 사람은 거의 다 망각한다. '진리'에 해당하는 희랍어는 '알레테이아'(aletheia)이다. 여기에서의 '아'(a)는 '부정'이다. '알레테이아'는 '레테 강을 거슬러 올라가는 것', '망각을 극복하는 것'이다. 이런 생각이 앎은 '상기'(anamnesis)라는 생각으로 이어진다. 이전에 이미 알고 있었지만 지금은 잊고 있던 것을 다시 떠올려 알게 되는 것이 '인식'이다. '망각의 강'을 건너는 것은 저승에서 이승에로 넘어옴이다.

이문열의 소설 『레테의 연가』에서 '레테'는 바로 이 에르 신화의 레테이다. 소설에서 결혼을 앞둔 사람은 모름지기 레테 강을 건너야 한다고 한다. 결혼하기 전에는 여러 이성을 만나고 또 알고 지낼 수 있다. 그렇지만 일단 결혼을 하기로 마음먹었다면 꼭 레테 강을 건널 일이라고 한다. 이전의 이성 관계는 망각 저편으로 보내고 이제부터는 오로지 한 사람과의 기억 속에서만 살 일이라고 한다.

아낙시만드로스의 죽음 혹은 소멸의 명제

가장 오래된 철학 책이자 과학 책은 아낙시만드로스(Anaximandros)의 『자연에 관하여』(Peri physeos)이다. 아낙시만드로스가 이런 제목의 책을 썼다는 기록은 있지만 책 자체는 전해지지 않는다. 그런데 아낙시만드로스뿐 아니라 여러 철학자가 『자연에 관하여』라는 동일한 제목의 책을 쓴 것으로 전해진다. 그러니까 이 시기 철학의 으뜸 관심사가 다름 아닌 '자연의 본질에 대한 탐구'였다는 것을 짐작하게 한다. 그래서 철학사가들은 소크라테스 이전 철학을 흔히 자연학 혹은 자연철학이라고 하고, 다시 이를 일원론인 전기 자연철학과 다원론인 후기 자연철학으로 나눈다.

철학사상 최초의 철학자들을 가리켜 '밀레토스학파'라고 부른다. 항구도시 밀레토스(Miletos)에서 활동한 세 철학자 탈레스(Thales), 아낙시만드로스, 아낙시메네스(Anaximenes)는 단 하나의 근본원리로 이 세계를 설명하려고 시도한다. 밀레토스학파, 뒤이어 등장하는 피타고라스학파, 파르메니데스(Parmenides)가 대표하는 엘레아학파, 파르메니데스와 아주 대조적인 철학을 펼친 헤라클레이토스(Herakleitos), 엠페도클레스(Empedokles)와 아낙사고라스(Anaxagoras)의 다원론 철학, 레우키포스(Leukippos)와 데모크리토스(Demokritos)의 원자론 철학, 그러니까 소크라테스에 이르기까지의 철학은 모두 '아르케'(arche)라는 근본원리를 찾아 나섰다. 희랍어 아르케는 첫째, 시초 혹은 시작(beginning), 둘째, 지배(rule), 셋째, 원리(principle)를 의미한다. 탈레스에서 소크라테스에 이르는 철학자들은 한결같이 아르케, 곧 '모든 것의 시초이면서 모든 것의 배후에서 지배하는 궁극적 원리'가 무엇인지를 묻고, 각각 나름대로 답했다. 모든 것의 시초이면서 모든 것을 지배하는 원리인 아르케를 탐구하는 것이 서양철학의 출발인 것이다.

아르케란 용어를 최초로 사용한 사람도 바로 아낙시만드로스이다. 그는 아르케를 '토 아페이론'(to apeiron)이라고 했다. 이때 '토'는 영어 the에 해당하는 관사이고, '아페이론'은 '한도' 혹은 '한정'(limit, bound)을 뜻하는 '페라스'(peras)에 부정(없다, 아니다)을 뜻하는 '아'(a)가 붙은 것이다. 따라서 아낙시만드로스의 '토 아페이론'은 '한도지어지지 않았다', '한정지어지지 않았다'는 의미에서 '비한정자'(非限定者)로 옮길 수 있다. '토 아페이론'을 흔히 '무한자'로 옮기는데 무한자는 유한자에 대립되는 말로 오직 양적인 측면에서만 한정지어지지 않은 것이다. 그러나 아낙시만드로스의 '토 아페이론'은 양적인 차원 뿐만 아니라 질적으로도 아직 한정지어지지 않았음을 의미한다. 따라서 '무한자'라고 하기보다는 '비한정자'라고 하는 것이 정확한 번역이라고 하겠다.

아낙시만드로스에 따르면 이 세계는 바로 이 '토 아페이론'에서 시작되었다. 일정한 원소로 분화되기 이전의 이 잠재적 근원은 그리스 신화의 카오스(Chaos)를 닮았다. 그런데 이 '토 아페이론'에서 따스한 것, 차가운 것, 마른 것, 축축한 것, 즉 온랭건습(溫冷乾濕)이 나온다. 이 온랭건습에서 유동체가 나오고, 다시 유동체에서 땅과 공기가 나오고, 땅과 공기에서 불덩이[火球]가 나오고, 불덩이에서 해와 달과 별, 곧 일월성신(日月星辰)이 나온다고 설명한다. 결국 아낙시만드로스의 설명은 아직 분화하기 이전의 잠재적 근원인 비한정자로부터 이 세계의 다양한 것들이 생겨나는 과정을 말하고 있다.

아낙시만드로스의 이런 사유는 진화론적 사고로 받아들여진다. 물론 각각의 단계, 예컨대 어떻게 온랭건습에서 유동체가 생겨나고, 땅과 공기에서 불덩이가 생겨나는지에 대한 충분한 설명은 없다. 그렇지만 이전의 신화적 사고에 비하면 획기적으로 앞선 사고를 했음이 틀림없다. 더욱이 '토 아페이론'에서 일월성신이 생겨나기까지의 모든 과정에서 가장 적합한 것이 살아남는다는 생각은 그런 평가를 받기에 손색이 없다. 실제로 아낙시만드로스는 인간이 물고기에서 생겨났다고 말한 것으로 전해진다. 물론 오늘날 우리가 아는 바에 비추어 보면 사실이 아니지만 2,500년 전에 벌써 진화론적 사고를 했다는 점만으로도 특별한 의의가 있다.

무엇보다도 아낙시만드로스를 주목해야 하는 이유는 그가 남긴 죽음과 소멸을 말하는 명제이다. "대립적인 요소들은 시간의 질서라는 심판관에 의해 불의에 대한 심판과 처벌을 받는데, 이는 마땅한 일이다." 기원전 6세기 전반의 이 아낙시만드로스의 명제를 두고 과거 수많은 해석이 쏟아져 나왔는데, 지금은 거의 의견의 일치를 보고 있다. 배부름은 배고픔이 진정된 상태요, 배고픔은 언제고 배부름과 자리를 바꾸려고 잠복해 있다. 평화와 전쟁, 젊음과 늙음, 건강과 질병도 매한가지이다. 지금 누리는 아름다움과 행복의 배경에는 그 반대 상태가 깃들어 있다. 지금 당장 드러나 있는 상태는 이 배경에 대항해서 자신의 존재를 주장하지만, 그것도 어느 정도의 짧은 시간 동안에만 가능할 따름이다. 그런데 지금 드러나 있는 모든 상태는 마치 그것만 있다는 듯이 한껏 자만하려는 경향, 다시 말해서 그 상태를 터무니없이 지속하려는 경향이 있다. 그 상태에 부여되고 걸맞은 정도 이상을 꾀하는 셈이다. 자신에게 허용된 것 이상을 갖는 일을 사람들은 불의(不義)라고 부른다. 기본 상태 사이에서 정의(正義)는 지금 드러나 있는 상태가 적당한 기간 지속하다가 숨어 있던 반대 상태가 등장하는 것, 그러다 복구되는 것이다. 예전에 지배적이었던 상태가 사라지는 대신 그때까지 잠재해 있던 반대쪽이 등장하고, 이런 교대를 통해서 어떤 한 상태의 지나침을 막는다. 한 상태가 얼마나 지속하고 그 다음 상태가 또 얼마나 계속되는가는 시간의 문제다. 따라서 기본 상태들의 정의로운 관계에서는 시간이 심판관 역할을 한다. 즉 시간은 각각의 상태와 반대 상태를 심판하고 그 지나침을 처벌한다. 이렇게 심판과 처벌이 이루어지면서 기본 상태들 사이에 정의가 이루어진다. 삶과 죽음의 교체도 마찬가지이다.

이 명제에 따르면 모든 아름다운 것, 누릴 만한 것, 훌륭한 것, 충만한 것은 필연적으로 내재한 반대 상태를 대가로 치르고 얻었으므로, 언젠가는 반대 상태에 굴복해서 멸망하게 되어 있다. 아낙시만드로스는 세계 전체에서 삶의 비극적 의미를 본 것이다. 그의 명제는 그리스 사람들의 비극적 의식을 적나라하게 표현한다.

엠페도클레스의 죽음

철학사를 통틀어 엠페도클레스(Empedokles)는 특이한 죽음을 맞이한 것으로 유명하다. 우선 그의 철학적 면모를 간략히 알아볼 필요가 있다. 앞서 존재 중심의 파르메니데스(Parmenides) 철학과 생성 중심의 헤라클레이토스(Herakleitos) 철학의 날카로운 대립은 철학사의 첫 번째 위기를 불러왔다. 밀레토스학파, 피타고라스학파, 엘레아학파 및 헤라클레이토스로 이어지는 아르케(arche)에 대한 탐구는 존재(being)와 생성(becoming)의 대립과 함께 자칫 정체에 빠질 위기를 맞는다. 그런데 이 철학들에는 한 가지 공통점이 있다. 즉 이들은 단 한 가지의 아르케로 이 세계를 설명하려고 시도한다는 것, 일원론적 성격을 띤다는 것이다. 이런 일원론 철학으로는 파르메니데스와 헤라클레이토스 사이의 대립과 갈등, 존재와 생성 사이의 대립과 갈등을 풀지 못한다. 이제 이런 대립과 갈등을 풀려는 시도로서 다원론 철학이 등장한다. 철학사가들은 탈레스로부터 헤라클레이토스에 이르기까지를 전기 자연철학이라 부르고, 그 이후의 흐름을 후기 자연철학이라 부른다. 전기 자연철학이 하나의 근본원리로 이 세계를 설명하려는 일원론인데 반해, 후기 자연철학은 여러 원리로 이 세계를 설명하는 다원론이다. 이런 후기 자연철학을 대표하는 이들로 엠페도클레스, 아낙사고라스(Anaxagoras), 레우키포스(Leukippos), 데모크리토스(Demokritos)를 들 수 있다. 이 가운데에서도 레우키포스와 데모크리토스를 따로 떼어 내서 원자론(atomism)으로 분류하기도 한다.

엠페도클레스는 한 가지 아르케만 내세우는 전기 자연철학자들과는 달리 네 가지를 내세웠다. 이 네 가지를 리조마타(rhizomata)라고 부르는데, '뿌리'라는 뜻이다. 즉 이 세계는 네 가지 뿌리로 이루어졌다. 무겁고 단단한 흙[地], 어둡고 싸늘한 물[水], 따스하고 빛나는 불[火], 유동적이고 투명한 공기[風]가 바로 그것이다. 그래서 엠페도클레스의 주장을 '4원소설'이라고도 부른다. 그런데 알고 보면 이 네 가지 뿌리는 이미 전기 자연철학에서 각각 아르케로 제시된 것들이다. 흙은 크세노파네스가, 물은 탈레스가, 불은 헤라클레이토스가, 공기는 아낙시메네스가 각각 제시했었다. 따라서 엠페도클레스의 철학사적 공헌은 일원론에서 충돌을 피할 수 없었던 '존재'와 '생성' 사이의 갈등을 해소하기 위해 다원론 철학의 물꼬를 텄다는 데에 있다. 불교에서도 세계는 이 똑같은 네 가지로 되어 있다고 설명하면서, 이 네 가지를 '사대'(四大)라고 부른다. 그러니까 동서양이 모두 이 네 가지 근본 요소로 이 세계를 설명한 셈이다.

　한편 이 네 가지 뿌리가 결합하고 분리되는 힘을 엠페도클레스는 사랑(philia)과 미움(neikos)이라 불렀다. 여기서의 사랑과 미움을 글자 그대로 받아들여서는 곤란하다. 예컨대 막대자석이 다른 극끼리는 서로 잡아당기고 다른 극끼리는 서로 밀쳐 내는 것과 같은 현상, 곧 인력(引力)과 척력(斥力)을 사랑과 미움으로 표현한 것으로 보면 좋을 것이다. 엠페도클레스는 이 세계에서 사랑과 미움이 교체되는 네 시기가 반복적으로 순환된다고 보았다. 제1기는 네 가지 뿌리가 사랑으로 완전히 결합된 시기다. 이 시기의 상태를 그는 완전무결한 '공'(球)으로 비유한다. 제2기에는 공에 미움이 스며들기 시작해서 급기야 사랑과 미움이 팽팽히 맞선다. 제3기에 사랑은 공 밖으로 완전히 쫓겨 나가 미움으로 가득 찬다. 제4기는 다시금 사랑이 힘을 얻어 차츰 미움을 공 밖으로 쫓아내기 시작해 마침내 사랑과 미움이 대등해지는 시기다. 제4기는 다시 제1기로 이어지고 이런 순환은 끝없이 반복된다. 결합하는 힘인 사랑과 분리의 힘인 미움의 교체로 네 시기가 반복 · 순환된다는 설명은 일종의 역사철학이라고 평가할 수 있다.

　엠페도클레스는 네 시기가 반복 · 순환되는 과정에서 제대로 적응하지 못한 것은 모두 사라지고 결국 가장 잘 적응한 것만이 살아남는다는 주장도 하는데, 이는 '자연도태'와 '적자생존'의 원리를 선구적으로 제시한 것이라는 평가를 받는다. 배우 브루스 윌리스(Bruce Willis)가 주연한 영화 〈제5원소〉

는 엠페도클레스의 4원소설이 밑바탕에 깔린 영화로 거기에서도 네 원소를 결합하는 힘인 사랑을 찾아 나서는 것이 주된 내용이다.

이런 엠페도클레스가 죽음이 가까이 왔음을 느꼈다고 한다. 그는 몹시 초조해졌다. 왜냐하면 그의 제자들은 스승의 지혜에 감탄한 나머지 필경 인간이 아니라고 생각했기 때문이다. 죽음의 순간이 다가오자 엠페도클레스는 이런 제자들을 실망시키지 않을 방도를 생각했다. 그래서 그는 자신이 살던 시칠리아의 에트나 화산에 몸을 던져 죽기로 결심한다. 그렇게 하면 흔적도 없이 사라져 제자들의 믿음이 유지될 것으로 생각했다. 에트나는 시칠리아 한복판에 있으면서 분출과 휴지를 반복하던 거대 화산이다. 가장 최근에는 1997년 대학생들의 체육제전인 시칠리아 유니버시아드 대회 기간 중에 화산 분출이 임박한 것으로 판단되어 참가 선수들을 긴급 대피시키기도 했었다. 엠페도클레스는 실제로 에트나 화산 분화구에 몸을 던졌지만 그의 바람은 이루어지지 않았다. 때마침 작은 분출이 있어서 신발 한쪽이 튀어나오는 바람에 흔적도 없이 사라짐으로써 신적 존재로 남으려는 그의 소망은 깨지고 말았다고 한다. 이로써 그는 철학사상 가장 특이한 죽음을 맞은 철학자로 기록되게 되었다.

에피쿠로스: 고통과 공포로부터의 해방

거의 대부분의 철학자들이 죽음을 문제 삼았지만 헬레니즘 시대의 에피쿠로스(Epikouros)를 특히 주목할 만하다. 헬레니즘 시대는 서양 고대에서 중세로 넘어가는 이행기, 과도기로서 이 시기의 철학을, 헬레니즘 철학, 그리스 · 로마 철학이라 부르는데, 니체(F.W. Nietzsche)는 이것을 "그리스 철학의 저녁 노을"이라고 인상적으로 표현했다. 헬레니즘 시대의 철학은 그 이전의 철학과는 세 가지 차이점을 보인다. 첫째, 이 시기의 철학은 '폴리스(polis)의 철학'으로부터 '코스모폴리스(kosmopolis)의 철학'으로 획기적인 전환을 보인다. 헬레니즘 시대의 세계에서는 아테네와 같은 유일무이한 학문의 중심지가 더 이상 존재하지 않는다. 말하자면 학문과 사상의 중심지가 다극화된 것이다. 이런 상황에서 소크라테스나 플라톤과 같이 철저하게 폴리스를 철학의 중심에 놓으려는 경향보다는 아리스토텔레스에게서 비롯된 폴리스의 울타리를 넘어서려는 경향이 더 우세해진다. 둘째, 과거의 철학에서 '국가'가 차지하던 위상을 '개인'이 차지한다. 플라톤의 『국가』나 아리스토텔레스의 『정치학』이 보여주듯 고전 시기 그리스 철학의 정점에는 국가가 있었다. 그런데 개인을 보호하던 폴리스가 과거의 위상을 상실하자 당연히 관심은 개인에게 쏠렸다. 바람직한 국가를 이루기 위한 여러 조건들을 검토하던 철학자들은 이제 국가라는 보호막이 사라진 상태에서 개인 각자가 어떻게 살아야 하는지를 일차적으로 성찰하게 되었다. 셋째, 과거의 철학이 '이론'을 중심에 놓았다면, 헬레니즘철학은 '실천'을 중시한다. 이것은 앞서 언급한 두 가지 변화의 귀결이라고 할 수 있다. 이렇게 해서 헬레니즘 시대에는 플라톤과 아리스토텔레스와 같은 위대한 이론가는 더 이상 등장하지 않고, 여러 철학자들이 구체적이고 개별적인 인간의 삶을 문제 삼는다는 특징을 보인다. 종합하면 아테네 중심의 과거 철학이 폴리스·국가·이론을 중심으로 삼은 반면, 헬레니즘 시대의 철학은, 코스모폴리스·개인·실천을 지향한다.

　헬레니즘 시대 철학의 흐름은 크게 두 부분으로 나뉘는데, 그 전반부를 윤리적 시대(대략 기원전 322년~서기 1세기), 그 후반부를 종교적 시대(대략 서기 1세기~5세기)라고 부른다. 르네상스 시대가 중세에서 근대로 넘어가는 과도기라면, 헬레니즘 시대는 고대에서 중세로 넘어가는 과도기이다. 헬레니즘 시대의 철학은 이러한 과도기를 사는 인간의 불안과 고통을 잘 드러낸다. 어떻게 살아야 하는가를 둘러싼 윤리적 고투는 자연스럽게 종교적 성찰로 이어지고, 결국 서양 중세의 신 중심 세계관으로 넘어가게 된다. 윤리적 노력에도 풀리지 않는 문제들은 종교적 모색으로 이어지기 마련이다. 윤리적 시대에는 스토아학파, 에피쿠로스학파, 회의학파라는 세 흐름이 마치 솥발처럼 정립(鼎立)했었다. 한편 종교적 시대의 주요 흐름으로는 알렉산드리아학파, 신피타고라스학파 그리고 신플라톤주의를 들 수 있다.

에피쿠로스는 아테네 출신으로 이오니아 지방에서 가르치다가 나중에 아테네에 학교를 세웠다. 이 학교에는 좋은 정원(庭園)이 있어서 '정원학파'라고도 불렸다. 에피쿠로스학파는 규준학 · 자연학 · 윤리학을 집중 탐구하였는데, 이 가운데에서도 윤리학이 최종 목표였다. 에피쿠로스학파가 규준학이라고 부르는 것은 스토아학파가 논리학이라고 부른 것이다. 에피쿠로스학파는 논리학을 진리의 규준에 관한 학문이라고 보아 규준학이라고 불렀던 것이다. 헬레니즘 시대에는 흔히 학문을 과수원에 빗대어, 논리학 혹은 규준학은 과수원의 울타리, 자연학은 과수원의 과일나무, 그리고 윤리학은 과일나무에 열린 과일에 견주었다. 에피쿠로스학파에서도 규준학적 탐구, 자연학적 탐구는 결국 윤리학적 탐구를 위한 예비 작업으로 이해되었다.

에피쿠로스학파의 철학은 데모크리토스(Demokritos)의 원자론과 키레네(Kyrene)학파의 윤리관이 결합된 것이라고 할 수 있다. 에피쿠로스학파를 아우르는 핵심 개념은 아타락시아(ataraxia)이다. 아타락시아는 영어로는 tranquillity로, 우리말로는 평정심(平靜心)으로 번역된다. 천문학 용어 가운데 '고요의 바다'(라틴어로 mare tranquillitatis, 영어로 sea of tranquillity)가 있다. 이 용어는 달의 제1사분면(四分面)의 어두운 평원을 가리킨다. 멀리 떨어져있는 차갑고 어두운 달, 어떤 움직임도 소리도 없이 한없이 고요해서 졸음이 올 것 같은 상태를 연상하면 좋을 것이다. 에피쿠로스학파와 대립각을 세우는 스토아(Stoa)학파가 아우타르케이아(autarkeia)를 통해서 아파테이아(apatheia, 不動心, 無情念)에 도달하고자 한다면, 에피쿠로스학파에서는 즐거움(hedone)을 통해서 아타락시아(ataraxia)에 이르고자 한다. 예를 들어서 스토아학파 사람이 술에 취하는 일이 없게 하기 위하여 아예 술자리를 피하거나 어떻게 해서든지 덜 마시려고 애쓴다면, 에피쿠로스학파 사람은 마시되 자신이 술에 종속되지 않게 한다. 사실 스토아학파의 아파테이아와 에피쿠로스학파의 아타락시아는 크게 다르지 않다고 할 수 있다. 다만 스토아학파가 스스로 족한 줄 알고 자신을 억누르는 아우타르케이아를 통해 흔들림이 없는 아파테이아에 도달하고자 하는 반면, 에피쿠로스학파는 헤도네(hedone)를 누리면서 아타락시아에 도달하고자 한다는 점이 다르다. 스토아학파가 소극적으로 지나친 욕망을 억누른다면, 에피쿠로스학파는 욕망을 적극적으로 누리면서도 평안함을 잃지 않으려는 것이라고 하겠다. 도달하려는 목표는 비슷하지만 그 목표에 도달하는 방식은 아주 대조적이다.

에피쿠로스학파를 쾌락주의로 보는 것은 심각한 오해이다. 이런 오해의 출발점은 희랍어 개념 헤도네(hedone)이다. 서양 고대의 헤도네와 현대의 헤도니즘(hedonism)은 주의 깊게 구별해서 이해해야 하며, 데모크리토스와 에피쿠로스학파의 헤도네는 '쾌락'이 아닌 '즐거움'으로 보는 것이 옳다. 쾌락을 통해서는 결코 아타락시아에 도달할 수 없다. '쾌락의 역설'(paradox of pleasure)이라는 개념이 있다. 쾌락을 추구하다 보면 언젠가 고통스러워진다. 학창 시절 운동장에서 땀을 흘리고 운동장 주변 수돗가에서 수도꼭지에 입을 대고 마시는 물맛은 꿀처럼 달다. 그러나 누군가 억지로 얼굴을 누르고서 계속 물을 마시도록 강제한다면 물고문이 되고 만다. 에피쿠로스학파는 순간적 즐거움과 지속적 즐거움, 육체적 즐거움과 정신적 즐거움, 동적 즐거움과 정적 즐거움을 구별하고는 이 가운데에서 오직 지속적 즐거움, 정신적 즐거움, 정적 즐거움을 추구해야 한다고 가르친다.

즐거움(hedone)의 반대는 괴로움 혹은 고통(lype)이다. 따라서 에피쿠로스학파의 목표는 '고통과 공포에서 해방되는 것'이다. 에피쿠로스는 "고통과 공포로부터 자유롭게 되기 위해 모든 것을 시도한다. 만일 그것이 달성된다면 영혼의 격정이 가라앉는다."고 말한다. 그런데 수많은 고통과 공포 가운데에서도 인간이 가장 큰 고통과 공포를 느끼는 대상은 단연 '죽음'이다. 에피쿠로스를 위시한 에피쿠로스학파 사람들은 고통과 공포에서 벗어나려고 부단히 애를 썼다. 이와 관련해서 에피쿠로스의 다음과 같은 말이 죽음이 주제인 곳에서는 빠지지 않고 등장한다. "우리가 살고 있는 동안에는 죽음은 '아직' 없다. 죽음이 우리에게 왔을 때 우리는 '이미' 세상에 없다. 그러므로 우리가 가장 두려워하는 죽음이란 우리에게 아무것도 아니다." 그러니까 우리는 결코 죽음과 외나무다리에서 맞닥뜨릴 수 없다는 말이다. 죽음의 고통과 공포를 극복하려는 에피쿠로스의 생각이 잘 드러난다.

에피쿠로스학파를 특징짓는 라틴어 표현이 있다. 바로 카르페 디엠(carpe diem)이다. 이 표현은 영화 〈죽은 시인의 사회〉에서 키팅 선생을 따르는 학생들의 구호로도 등장한다. 카르페 디엠은 영어로는 흔히 'seize the day' 혹은 'enjoy the present'로 번역되고, 우리말로는 '오늘을 붙잡아라' 혹은 '현재를 즐겨라'로 번역된다. 여기에서도 '쾌락을 누려라' 정도로 이해해서는 안 되고 '현재에 충실하라'의 뜻으로 받아들여야 옳다. 〈시즈 더 데이〉(Seize the day)라는 제목의 영화도 있는데 공교롭게도 〈죽은 시인의 사회〉에서 키팅 선생 역을 하는 배우 로빈 윌리엄스가 이 영화에서도 주연을 맡았다. 이렇게 보면 로빈 윌리엄스(Robin Williams)를 에피쿠로스학파 전문 배우라고도 부를 수 있겠다. 안타깝게도 바로 그 로빈 윌리엄스가 자살로 생을 마감하여 에피쿠로스학파와 죽음의 관계를 다시 생각하게 만든다.

6. 꽃답게 죽다

오스모 이야기

리차드 테일러(Richard Taylor)는 『형이상학』에서 죽음과 관련한 흥미로운 이야기를 꾸며 낸다. 일종의 사유 실험(thought-experiment)이라고 할 수 있을 이 이야기는 우리가 죽음 혹은 숙명과 어떻게 마주 설 것인지를 생각하게 만든다.[60]

다음과 같이 가정해 보자. 신이 특별한 일련의 사실들을 한 학자에게 계시하였고, 그 학자는 그것들이 신으로부터 온 것이라고 믿는 사람으로서 모두 기록했다. 문제가 되는 사실들은 전적으로 평범한 한 남자 오스모(Osmo)라는 사람의 일생에 관한 것이었다. 오스모는 그 학자에게 전혀 알려져 있지 않은 사람이었다. 그 학자가 신으로부터 계시 받은 맨 처음의 것은 "내가 말하는 사람의 이름은 오스모이다."라는 표현으로 시작된다. 그 계시가 일정 정도의 분량에 이르러 마무리되자 그 학자는 그것을 연대순으로 정리하여 책으로 묶어 두었다. 그는 처음에는 『신으로부터 계시된 오스모의 일생』이라는 제목을 붙였으나 사람들이 우스꽝스럽다고 생각할 수도 있을 것 같아 '신으로부터 계시된'이라는 표현을 빼 버렸다. 이 책은 출판되었지만 아무런 주목도 끌지 못했다. 매우 평범한 오스모라는 남자의 그저 그런 생애에 불과한 것으로 여겨졌기 때문이다. 사실 그 학자는 신이 왜 이런 사소한 이야기 따위를 전하라고 한 것인지 의아하게 생각했다. 이 책은 각종 도서관에 처박혀 먼지만 뒤집어쓰고 있었다.

그런데 어느 날 인디애나의 한 고등학교 선생이 책꽂이에서 오스모라는 이름을 보고는 반가운 마음으로 꺼내 들었다. 『오스모의 일생』이라는 책 제목이 그의 시선을 끈 것이다. 호기심에서 끄집어내 먼지를 털어내고는 책장을 펼치자마자 눈에 들어온 첫 문장을 보고 그는 기겁을 했다. "오스모는 핀란드 혈통으로 1942년 6월 6일 인디애나 주 어본시에 있는 머시 병원에서 태어나 5살 되는 해 폐렴에 걸려 거의 죽을 뻔하고, 그곳에서 세인트 제임스 학교에 입학하다." 오스모는 소스라치게 놀랐다. 하마터면 손에서 책을 떨어뜨릴 뻔했다. 그는 몹시 흥분하여 책장을 마구 넘기며 지은이가 누구인지 알아보려고 했다. 그렇지만 저자의 이름도, 발행처도 찾을 수 없었다. 도서관 사서에게 책에 관한 정보를 얻어 내려고 했지만 그 역시 어떻게 해서 그 책이 거기에 꽂혀 있게 되었는지 전혀 모르고 있었다. 오스모는 마음을 가라앉힌 다음 좀더 자세히 검토할 요량으로 길 건너 커피점으로 자리를 옮겼다. 잠시 후 그는 책 시작 부분 몇 줄을 더 읽어 보았는데, 거기엔 매키낙 섬에서의 어느 여름날 그가 책 읽는 법을 습득하는 데에 너무 더뎌서 여동생과 별로 순탄하지 못했던 일 등이 쓰여 있었다. 마음이 어느 정도 진정되자 그는 정독을 하기 시작했다. 그는 기록된 모든 사실이 마치 신문 제목처럼 현재 시제로 표현되어 있다는 것을 알아차렸다. 예를 들면, "오스모는 머시 병원에서 태어났다."가 아니라 "오스모는 머시 병원에서 태어나다."라는 식이었다. "여동생과 싸우다.", "책 읽는 법을 배우는 데에 더디다.", "8살에 치아 조정 걸쇠를 착용하다." 등 모든 표현이 신문 제목과 같은 현재 시제였다. 내용은 발생했던 일들을 정확하게 연대별로 싣고 있었고, 해마다의 일들이 각기 다른 장으로 구별되어 있었다. 각 장은 '오스모 7살 되는 해', '오스모 8살 되는 해' 등으로 나뉘어 있었다.

오스모는 완전히 책에 빨려 들어갔다. 그는 점점 처음의 놀라움이나 공포도 잊었고, 지은이에 대한 호기심조차도 잊어버리고 있었다. 그는 커피를 마시며 어린 시절의 기억을 되살렸다. 대부분은 지금 자기 앞에 놓인 책을 통해 기억을 되살릴 때까지 거의 잊고 있었던 일들이었다. 예를 들면 '오스모 7살 되는 해'라는 제목의 장을 읽을 때까지 그는 고양이 새끼가 죽은 일을 까마득히 잊고 있었다. "오스모는 흐느끼면서 이제 죽은 것이 분명한 플러피를 안고 정원으로 가서 장미 넝쿨 옆에 묻는다." 아, 그렇지! 거기엔 루이즈도 있었지. 그녀는 8학년 때 그의 옆에 앉았었다. 그 모든 것이 기록되어 있었다. 그가 어떻게 담배를 피우게 되었는지도, 아버지가 돌아가셨을 때의 마음이 어땠는지도 죄다 기록되어 있었다. 오스모는 완전히 책에 빨려 들어가 그날 하루의 일 따위는 잊어버렸다. 지금 26세인 그가 제26장을 들치자마자 공포가 되살아났다. 아니, 이런 일이! 이 책의 모든 것이 사실이 아닌가? 예를 들어, 그의 생일에 비가 오고, 아내에게 생일날 선물로는 쌍안경을 받고 싶다고 힌트를 주었건만 아내는 사 주지 않고, 약간이나마 월급이 오르고 등등이었다. 오스모는 곰곰이 생각했다. 도대체 어느 누가 이런 일들이 실제로 일어나기 전에 벌써 알 수 있단 말인가? 이 일들은 아주 최근에 일어난 일들이 아닌가? 그것도 오스모가 이 책을 꺼내 들기 전 이 책은 먼지를 잔뜩 뒤집어쓰고 있었다. 다시 책에 집중한 오스모는 급기야 이런 부분에 이르렀다. "도서관 건너편 커피점에서 땀을 뻘뻘 흘리며 책을 읽고 앉아 있는 오스모는 네 시에 미장원에서 아내와 만나기로 되어 있는 것을 너무 늦을 때까지 완전히 잊고 있다." 오, 세상에! 정말이지 그는 아내와의 약속을 까맣게 잊고 있었다. 시계를 본 오스모는 약속 시간을 넘어 거의 다섯 시가 되어가고 있는 것을 알았다. 너무 늦었다. 지금쯤 아내는 매우 언짢은 기분으로 집으로 가고 있을 것이다.

그러나 이날 바로 다음의 일이 어떻게 될 것인지 궁금한 데에 비하면 아내와의 약속을 잊어 미안한 마음은 아무것도 아니었다. 이제 그에게 남은 일은 이 놀라운 책 속에 들어 있는 나머지 장들을 확인하는 일이었다. 그런데 이게 웬일인가? 이 책은 단지 29장으로 되어 있었다. 오스모는 확실히 이것은 아무 의미가 없다고 생각했다. 어느 누가 어떻게 이런 것들을 그렇게도 자세하고도 정확하게 써넣을 수 있는가 하는 것은 분명히 당혹스럽고도 남을 일이다. 그렇지만 한 사람이 얼마나 오래 살 것인지를 미리 알 사람은 있을 수 없을 것이다. 이런 것은 오직 신만이 알 수 있다고 오스모는 생각했다. 그런 마음으로 그는 책을 계속 읽어 나갔다. 나머지 세 장은 대체로 실망스러운 것이었기 때문에 상당히 불편하고 울적했다. 예를 들어 그는 자기의 위궤양이 다 나은 줄로만 알고 있었다. 또 그는 자기 직장의 사정이 그토록 악화되리라는 것, 스키를 타다가 정말 다리를 부러뜨리고 결국 스키 타기를 포기할 수밖에 없었다는 것을 가정할 아무 이유를 찾지 못했다. 그런데 그 책은 끔찍할 정도로 암담한 글귀로 끝나고 있었다. "오스모는 오헤어공항 발 노스웨스트항공 569 비행기를 타고 가다가 포트웨인공항 활주로에서 적지 않은 사람이 목숨을 잃은 비행기 추락 사고로 죽는다. 이 비극은 오스모의 경우 만기가 도래한 그의 생명보험을 갱신하기를 거부한 탓에 더욱 비참한 결과가 된다." 그것이 전부였다. 그리하여 이것이 왜 이 책이 29장밖에 없는가 하는 이유였다. 그의 생각으로는 어떤 얼간이가 오스모가 비행기 추락 사고로 죽게 될 것이라고 했고, 자기가 이 비행기만 타지 않으면 그럴 일은 없다고 생각했다.

3년쯤 지나고 오스모는 세인트폴행 비행기를 탔다. 그런데 승무원이 기상 관계로 세인트폴공항 대신 포트웨인공항에 착륙한다는 안내 방송을 하였다. 이 방송을 듣고는 오스모는 광폭해지기 시작했다. 그는 무슨 수를 써서라도 포트웨인공항으로의 비행을 막으려 했다. 생존 승객이 전하는 바에 의하면 한 사나이가 비행기의 진로를 바꾸려 하다가 비행기 안에서 난투극이 벌어졌고, 이로 인해 포트웨인공항 착륙 과정에서 비행기가 추락하여 많은 사람이 사망했다고 한다. 추락 사고의 원인이 된 사나이 역시 죽음을 면치 못했다고 한다.

오스모가 비행기 안에서 난투극을 벌이고 그 결과 비행기가 추락하여 자신도 목숨을 잃게 된 것은 그가 우연히 『오스모 이야기』라는 책을 읽었기 때문이다. 이 책에 쓰인 오스모의 과거는 모두 사실이었다. 이 책에는 오스모의 미래도 들어 있었다. 그리고 그것은 비행기 추락사라는 끔찍한 귀결이었다. 책의 과거에 대한 진술이 모두 참이라는 것을 알고 있는 오스모는 미래에 대한 진술이 참이 되는 것을 온몸을 던져 막으려 했다. 이런 오스모의 시도가 책의 미래 진술 역시 참이 되도록 만들었다. 그렇다면 오스모는 왜 그토록 흥분했는가? 과거에 대한 진술이 모두 참이었으므로 미래에 대한 진술 역시 참일 것이라는 믿음이 그렇게 만들었다. 인간의 과거, 현재, 미래의 일은 이미 정해져 있고, 그렇게 정해진 일은 일어나기 마련이며, 인간으로서는 이렇게 일어나는 일을 감당하는 수밖에 없다는 생각을 '숙명론'(宿命論, fatalism)이라고 부른다. 오스모는 숙명론자였고, 숙명론적 사고의 결과로 목숨을 잃었다. 그런데 여기에는 죽음을 대하는 일반적 태도가 깃들어 있다. 인간이 죽어야 한다는 것은 이미 정해져 있다. 그러나 죽어야 한다는 사실 말고는 우리는 아무것도 모른다. 신을 믿는 사람의 경우라면, 신은 이미 다 알고 있다고 믿는다. 여기에서 신의 전지(全知)와 인간의 무지(無知)가 대립한다. 이 대립이 숙명론의 원천이다. 숙명 혹은 운명에 해당하는 영어 페이트 (Fate)는 라틴어 파툼(fatum)에서 왔는데, '주어진 것'이라는 뜻이다. 우리에게 이미 주어져 있으나 우리가 그 내용을 알 수는 없는 것이 우리의 숙명이다. 니이체(F. Nietzsche)는 '운명애'(amor fati)를 말한다. "이것이 삶이더냐? 오냐 좋 다. 그러면 다시 한 번." 피할 수 없다면 사랑하라.

맺는말을 대신하여

　누구나 죽음을 두려워한다. 누구에게나 죽음은 두렵다. 이 두려움의 정체는 무엇인가? 최근 들어 공황장애(panic disorder) 진단을 받는 사람의 수가 부쩍 늘었다고 한다. 심한 경우 일상생활을 할 수 없고 집 밖으로 나오지 못하는 경우도 있다고 한다. '패닉'이라는 단어는 그리스 신화의 '판'(Pan) 신과 연관된다. 원래 희랍어 '토 판'(to pan)은 '전체'라는 뜻이다. 이 보통명사 '판'(pan)의 첫 글자를 대문자로 바꾸어 쓰면 '판'(Pan) 신이 된다. '판' 신은 그 이름이 나타내듯 어디에나 있는 신, 어디건 없는 곳이 없는 신이다. 어디에나 있는 신이기에 사람은 생각지도 못하던 곳에서 이 신과 마주치곤 한다. 책상 아래에도 있고 선반 위에도 있다. 불쑥불쑥 나타나니 이 신과 맞부닥뜨리는 사람은 깜짝깜짝 놀란다. 이 놀라움이 '패닉'이라는 단어가 되었다. 공황장애 환자는 금방이라도 죽을 것 같은 공포를 느낀다. 숨이 멎을 것 같고 곧 쓰러져 의식을 잃을 것 같다. "아, 내가 이렇게 세상을 마치는구나!" 병원 응급실에 실려 가는 일도 많다. 그러나 온갖 검사의 결과로는 신체에 큰 이상은 없다고 한다. 결국 '패닉'의 대상은 '죽음'이다. 누구에게나 두려운 것이 죽음이지만 특히 두드러지게 큰 공포로 다가오면 공황 상태에 빠지게 된다.

　죽음에 대한 두려움을 조금이라도 줄이는 방법이 있는가? 철학자 에피쿠로스(Epikouros) 역시 죽음이 가져오는 고통과 공포로부터 헤어나기 위한 방법을 생각했다. 죽음을 이야기하는 그의 말이 널리 알려져 있다. "우리가 살아 있을 때 죽음은 '아직' 오지 않았다. 죽음이 우리에게 찾아왔을 때 우리는 '이미' 이 세상에 없다. 그런데 왜 죽음을 두려워한단 말인가?" 에피쿠로스에 따르면 우리가 죽음을 마치 외나무다리에서 맞부닥뜨리듯 조우(遭遇)하는 일은 없다. 그러니 죽음은 두려워할 일이 아니라고 한다. 이 말을 처음 들으면 멋있게 들린다. 그럴 듯하다. 그런데 죽음에 대한 두려움과 공포는 조금도 줄어들지 않는다. 말은 참 멋들어지지만 별 도움이 되지는 못한다. 플라톤 대화편『파이돈』의 시간적 배경은 소크라테스가 죽음을 눈앞에 둔 때이다. 시간이 조금 흘러 해가 지면 소크라테스는 독배를 들이켜 죽음을 맞는다. 이 대화편에서 소크라테스는 대화 상대자인 시미아스와 케베스를 향해 '아이처럼 죽음을 두려워하는 일이 없도록 하라.'고 당부한다. "자네들은 몸에서 빠져나온 혼을 정말로 바람이 사방으로 흩어지게 하지 않을까, 혹시 누군가가 조용한 날에 죽지 못하고 바람이 몹시 부는 날에 죽게라도 될 때에는 특히 그러하지 않을까 아이들처럼 두려워하는 것 같네."[61] 혼비백산(魂飛魄散)이라는 한자말이 있다. 죽으면 우리의 혼백이 그저 공중으로 비산(飛散)하리라고 생각하는 사람이라면 특히 바람 부는 날에 죽는 것을 극도로 꺼릴 것이다. 소크라테스의 말에 케베스는 어쩌면 우리 속에 그런 것을 두려워하는 아이가 있는지 모르겠다고 맞장구친다. 그러면서 소크라테스에게 부탁하기를 이 아이가 죽음을 마치 도깨비라도 되는 듯이 두려워하는 일이 없게끔 생각을 고치도록 설득해 달라고 한다.[62] 케베스의 말에 대한 소크라테스의 응수는 날마다 주문을 외워 아이로부터 두려움을 내쫓아야 한다는 것이다. 희랍어로 '겁을 준다'는 뜻의 어휘 '모르몰리테타이' (mormolyttetai)는 원래 유모가 말을 잘 듣지 않는 아이들에게 겁을 주기 위해

도깨비(요괴, 귀신: mormo, mormolykeion, mormolyke)를 이용하는 것을 가리킨다. 겁먹은 아이는 죽음을 도깨비인 양 두려워한다. 또 희랍어로 '호 소포스 헤시키안 아게이 엔 타이스 심포라이스(ho sophos hesychian agei en tais symphorais)라는 표현이 있다. "지혜로운 자는 불운에 처해서도 고요함을 유지한다."는 뜻이다. 어쩌면 죽음은 인간에게 대부분의 경우 최대의 불운이다. 죽음에 처해서 고요함을 유지하느냐의 여부가 지혜로운 자와 아이를 가르는 기준이다. 아이로부터 두려움을 내쫓기 위해서는, 혹은 우리 속의 아이를 내쫓으려면 날마다 주문을 외워야 한다.

날마다 죽음을 떠올리고, 날마다 죽음을 생각하는 일이 죽음에 대한 두려움을 작게 만든다. 죽음과의 접촉점, 접촉면을 늘리려 애써야 한다. 어느 대학의 교양과목으로 〈죽음의 이해〉가 개설되어 있다고 한다. 죽음에 대한 다양한 이론적 접근도 이루어지지만 수강생들에게 깊은 인상을 남기는 것은 '유언장 쓰기'나 '관 속에 누워 있기'와 같은 체험이라고 한다. 강좌 초반 다소 장난스러웠던 학생들도 자신의 유언장을 써 보라면 진지해지기 마련이다. 해마다 정해진 시기에 자신의 유언장을 쓰기를 권할 만하다. 매년 유언장을 갱신하면서 이전의 것과 비교해 보면 삶과 죽음에 대한 생각의 추이를 확인할 수 있다. 서양에서도 'living will'(살아서 쓰는 유언장)이라는 표현이 있다. 〈죽음의 이해〉라는 강좌에서는 수강생이 수업 중 돌아가면서 준비된 관(棺) 안에 누워 보기도 한다고 한다. 짧은 시간이지만 관 안에 눕고 막상 뚜껑이 덮이면 만감이 교차하고 눈물이 왈칵 쏟아지기도 한다. 인간의 일 가운데 누구든 언젠가 죽는다는 사실보다 더 확실한 것은 없다. 그런데 인간은 가장 확실한 사실을 의도적으로 잊고 살고자 한다. 날마다 주문을 외운다는 것은 이 가장 확실한 사실을 끊임없이 일깨우는 것이다.

고대 희랍인들이 주고받는 인사말에 '에우 프라테인'(eu prattein)이 있다. 그

뜻은 '잘 지낸다', '잘 산다'는 것이다. '에우'는 형용사 아가토스(agathos)의 부사형, 영어로는 형용사 good의 부사형인 well에 해당하고, 우리말로는 '잘'에 해당한다. '프라테인'은 '행하다' 혹은 '살다'이다. 그러니까 '에우 프라테인'은 '잘 지낸다'(to do well)는 것, '잘 산다'는 것이다. '에우 프라테인'과 비슷한 '에우 젠'(eu zen, to live well)도 있다. '에우 프라테인'이 '잘 산다'는 의미의 말로서 인사말로 쓰인다는 사실은 우리말 '안녕'(安寧)과 꼭 같다. 고대 희랍 사람들의 편지가 '에우 프라테인'으로 시작해서 '에우 프라테인'으로 끝나는 것처럼 우리의 편지도 흔히 '안녕하세요'로 시작해서 '안녕히 계세요'로 끝난다. 이 '잘 산다'는 것은 오늘날 흔히 쓰는 '웰빙'(well-being)과 연관된다. 희랍어 에이나이(einai), 라틴어 에세(esse), 영어 빙(being) 혹은 투 비(to be), 독일어 자인(sein), 불어 에트르(être)는 모두 철학적으로는 '존재'(있음/임)를 뜻한다. '웰빙'은 나의 존재가 최적인 상태이다. 흔히 잘못 알고 있듯 제 철 과일 먹고 틈나는 대로 러닝머신 위에서 달린다고 '최적의 존재'가 실현되지는 않는다.

인사말로서의 '에우 프라테인'은 다시금 영어 farewell과도 통한다. '작별', '고별'을 뜻하기도 하고, 작별할 때의 인사말이기도 하다. farewell에서 fare는 어디론가로 가는 것, 특히 어디론가를 향해 항해(航海)하는 것이다. 따라서 farewell은 '잘 항해하는 것', 곧 무사한 항해를 기원하는 인사말이다. 비유적으로 인간 삶의 역정을 '인생 항해'라고 하지 않는가? 헤밍웨이(E. Hemingway, 1899-1961) 대표작 가운데 하나의 제목이 『무기여 잘 있거라』(A Farewell to Arms)이다. 단어 farewell을 구성하는 두 마디의 앞뒤를 바꾸면 welfare(복지)가 된다. '복지'란 적어도 이런 맥락에서는 모든 인간이 인생의 항해를 잘해 나가게 되었을 때 실현된다.

'에우 프라테인'의 '에우'(well)로 시작되는 또 하나의 중요한 어휘가 있다.

희랍어 '에우다이모니아'(eudaimonia)이다. 우리말로는 '행복'이라고 한다. 대부분의 사람들이 아마도 자기 삶의 목표를 행복에서 찾을 것이다. 어쨌든 우리는 행복해야 한다. '에우다이모니아'는 '에우'와 '다이몬'(daimon)의 결합이다. '다이몬'은 인간 각자를 지켜주는 수호 정령이다. 그러니 '에우다이모니아'는 각자를 지켜 주는 수호 정령이 최적인 상태이다.

'에우'로 시작하는 어휘 하나를 더 알아보자. '에우타나시아'(euthanasia)가 있다. 영어로는 '유타나시아'로 발음한다. '에우타나시아'는 '에우'(well)와 '타나토스'(death)의 결합이다. 그러니 '좋은 죽음', '훌륭한 죽음', '잘 죽는다는 것'을 뜻한다. 현대 영어로는 다소간 의미의 변화를 가져와 '안락사'이다. '존엄한 죽음'(death with dignity)과 다르지 않다. '에우 프라테인'을 '웰빙'(well-being)과 연관시켰듯이, '에우타나시시아'를 '웰다잉'(well-dying)이라고 할 수 있겠다. 여기에다 '잘 늙는다는 것', '웰에이징'(well-aging)을 추가하면 인간의 삶에 요청되는 '에우 삼총사'가 확립된다. '웰빙'(well-being), '웰에이징'(well-aging), '웰다잉'(well-dying)이 바로 그것이다. 우리에게 요청되는 세 가지는 '잘 사는 것', '잘 늙는 것', '잘 죽는 것'이다.

소크라테스의 조언대로 우리 속의 아이를 내쫓기 위해 날마다 주문을 외우다 보면 우리는 두려움과 노여움 없이 죽음 가까이 갈 수 있다. 누구나 어차피 죽는다. 시인 이형기(1933-)가 시 〈낙화〉에서 표현하듯 '꽃답게 죽어야' 한다.[63]

〈낙화〉

가야 할 때가 언제인지를
분명히 알고 가는 이의

뒷모습은 얼마나 아름다운가

봄 한 철
격정을 인내한
나의 사랑은 지고 있다

분분한 낙화(洛花)……
결별이 이룩하는 축복에 싸여
지금은 가야 할 때

무성한 녹음과 그리고
머지않아 열매 맺는
가을을 향하여
나의 청춘은 꽃답게 죽는다

헤어지자
섬세한 손길을 흔들며
하롱하롱 꽃잎이 지는 어느 날

나의 사랑, 나의 결별
샘터에 물 고이듯 성숙하는
내 영혼의 슬픈 눈

참고문헌

Diels, H.; Kranz, W., *Die Fragmente der Vorsokratiker*, Dublin/Zürich 131968.

Nestle, W., *Vom Mythos zum Logos, Die Selbstentfaltung des griechischen Denkens von Homer bis auf die Sophistik und Sokrates*, Stuttgart 1940.

Otto, W.F., *Das Wort der Antike*, Darmstadt 1962.

Reinhardt, K., *Platons Mythen*, Bonn 1927.

Westerink, L.G.(ed.), *Olympiodoros, Commentary on the First Alcibisdes of Plato*, Amsterdam 1956.

권창은 · 강정인, 『소크라테스는 악법도 법이라고 말하지 않았다』, 고려대학교출판부 2005.

김인곤 외 7인 역, 『소크라테스 이전 철학자들의 단편 선집』, 아카넷, 2005.

김주일, 『소크라테스는 '악법도 법이다'라고 말하지 않았다』, 프로네시스, 2006.

르노, 클로드 퓌자드, 『플라톤은 아팠다』, 고재성 역, 푸른숲, 2000.

마르틴, 고트프리트, 『대화의 철학 소크라테스』, 이강서 역, 한길사, 2004.

마르틴, 고트프리트, 『진리의 현관 플라톤』, 이강서 역, 한길사, 2004.

메리노프, 루, 『철학으로 마음의 병을 치료한다』, 이종인 역, 해냄, 2000.

박경남, 『묘비명, 비문-우물쭈물하다가 내 이럴줄 알았다』, 포럼, 2009.

알버트, 칼, 『플라톤 철학과 헬라스 종교』, 이강서 역, 아카넷, 2010.

이형기, 『적막강산』(제1시집), 모음출판사, 1963.

조정권 외, 『튀빙겐 가는 길: 제39회 현대문학상 수상 시집』, 현대문학, 1994.

카잔차키스, 니코스, 『그리스인 조르바』, 이윤기 역, 열린책들, 2009.

테일러, 리차드, 『형이상학』, 엄정식 역, 종로서적, 1988.

플라톤, 『국가 · 정체』, 박종현 역주, 서광사, 1997.

플라톤, 『에우티프론, 소크라테스의 변론, 크리톤, 파이돈』, 박종현 역주, 서광사, 2003.

플라톤, 『알키비아데스 I · II』, 김주일 · 정준영 역주, 이제이북스, 2007.

플라톤, 『크리톤』, 이기백 역주, 이제이북스, 2009.

플라톤, 『향연』, 강철웅 역주, 이제이북스, 2010.

플라톤, 『파이돈』, 전헌상 역주, 이제이북스, 2013.

플라톤, 『소크라테스의 변명』, 강철웅 역주, 이제이북스, 2014.

헬트, 클라우스, 『지중해 철학기행』, 이강서 역, 효형출판, 2007.

주석

1 조지훈, 〈병에게〉, 1968, 『사상계』 게재.

2 플라톤, 『국가』 519c, 540b.

3 김형경, 『새들은 제 이름을 부르며 운다』, 푸른숲, 2005, 제1권 239쪽.

4 플라톤, 『파이돈』 118a.

5 L.G. Westerink(ed.), *Olympiodoros, Commentary on the First Alcibiades of Plato*, Amsterdam 1956, p.6.

6 Karl-Josef Kuschel, Wilfried Setzler, Tilman Rösch, *Mein Geist ins unbekannte Land*.

7 조정권, 『튀빙겐 가는 길』, 1994년 제39회 현대문학상 수상 시집. 여러 점에서 볼 때 '튀빙엔'이라는 표기가 나은 것 같은데 시인은 '튀빙겐'이라고 표기.

8 오늘날 터키의 지명으로는 보드룸(Bodrum).

9 박경남, 『묘비명, 비문 – 우물쭈물하다가 내 이럴 줄 알았다』, 2009 포럼.

10 흔히 철학의 탄생을 '미토스로부터 로고스로'라는 모토로 칭하는데, 이런 관행은 의심의 여지 없이 다음 책에서 비롯되었다고 할 것이다.
W. Nestle, *Vom Mythos zum Logos, Die Selbstentfaltung des griechischen Denkens von Homer bis auf die Sophistik und Sokrates*, Stuttgart 1940(재발간 1941, 1976).

11 아리스토텔레스, 『형이상학』 I 982b.

12 칼 알버트 저, 『플라톤 철학과 헬라스 종교』, 이강서 옮김, 2010, 아카넷, 18-22쪽 참조.

13 W.F. Otto, *Das Wort der Antike, Darmstadt*, 1962, 285쪽.

14 같은 책, 같은 곳.

15 크세노파네스 토막글 DK21B15.

16 Hermann Diels; Walther Kranz, *Die Fragmente der Vorsokratiker*, Dublin/Zürich [13]1968. 통상적인 표기 방식으로는 DK12A9, B1. 다른 번역으로는 다음을 볼 것. 김인곤 외 7인, 『소크라테스 이전 철학자들의 단편 선집』, 아카넷, 2005.

17 Klaus Held, *Treffpunkt Platon*, Stuttgart 1990, 『지중해 철학기행』, 이강서 역, 효형출판, 2007, 44-45.

18 참조. Klaus Held, *Treffpunkt Platon*, Stuttgart 1990, 『지중해 철학기행』, 이강서 역, 효형출판, 2007, 155-156.

19 Hermann Diels; Walther Kranz, *Die Fragmente der Vorsokratiker*, Dublin/Zürich [13]1968. DK22B15.

20 플라톤, 『국가』 제2권 359c-360b, 제10권 612b.

21 플라톤, 『국가』 제10권 612b. 『일리아스』 5.845.

22 참조. Joseph Heinz의 그림 〈프로세르피나의 납치〉, 독일 드레스덴 회화관. 잔 로렌초 베르니니의 조각 작품 〈프로세르피나의 납치〉, 이탈리아 로마 보르게세 미술관.

23 오르페우스와 에우리디케 이야기는 오르페우스가 음악인이어서 그런지 특히 음악 분야에서 주목 받았다. 칼 오르프, 글루크, 몬테베르디, 크레네크 등이 이 이야기를 소재로 한 오페라를 작곡했고, 이고르 스트라빈스키는 발레곡을 만들었다.

24 펠롭스는 빼어난 미남으로서 신들의 사랑을 받았다. 말의 신이기도 한 포세이돈은 펠롭스가 그리스에서 가장 뛰어난 말들을 소유한 오이노마오스의 딸 히포다메이아를 아내로 맞을 수 있도록 도와준다. 오늘날 '펠로폰네소스(Peloponnesos) 반도'라는 지명은 '펠롭스'의 이름에서 온 것이다.

25 플라톤, 『소크라테스의 변론』 24d.

26 플라톤, 『소크라테스의 변론』 39a.

27 플라톤, 『소크라테스의 변론』 29a-b.

28 플라톤, 『에우티프론』 3b.

29 플라톤, 『소크라테스의 변론』 31d.

30 플라톤, 『소크라테스의 변론』 31d.

31 플라톤, 『알키비아데스 I』 103a.

32 Plato in twelve Volumes II, Loeb Classical Library, tr. W.R.M. Lamb, Euthydemos, pp.384-385.

33 고트프리트 마르틴, 『대화의 철학 소크라테스』, 이강서 역, 한길사, 2004, 75-84쪽: 다이모니온.

34 플라톤, 『소크라테스의 변론』 40c-41d.

35 크세노폰, 『소크라테스에 대한 회상』 IV, viii, 2.

36 플라톤, 『파이돈』 116b: "어린 아들 둘과 장성한 아들 하나".

37 클로드 쿼자드 르노, 『플라톤은 아팠다』, 고재성 역, 푸른 숲, 2000.

38 플라톤, 『파이돈』 61c-62e.

39 플라톤, 『파이돈』 61c-69e.

40 L.G. Westerink(ed.), Olympiodoros, Commentary on the First Alcibiades of Plato, Amsterdam 1956, p.6

41 흔히 우리가 '이솝'이라고 부르는 인물의 희랍어 원래 이름.

42 플라톤, 『소크라테스의 변론』 32c-e.

43 다음 두 책이 자세한 논의를 보여준다.
권창은·강정인, 『소크라테스는 악법도 법이라고 말하지 않았다』, 고려대학교출판부, 2005.
김주일, 『소크라테스는 '악법도 법이다'라고 말하지 않았다』, 프로네시스, 2006.

44 루 매리노프 지음, 『철학으로 마음의 병을 치료한다』, 이종인 옮김, 해냄, 2000.

45 플라톤,『소크라테스의 변론』29d-e.

46 플라톤,『소크라테스의 변론』30a-b.

47 플라톤,『파이돈』116c.

48 플라톤,『파이돈』118a

49 K. Reinhardt, *Platons Mythen*, Bonn 1927, 52쪽.

50 플라톤,『파이돈』81a.

51 플라톤,『파이돈』80e.

52 플라톤,『파이돈』81a: meta theon diagousa.

53 플라톤,『파이돈』82b-c.

54 플라톤,『심포시온』179b-180b.

55 플라톤,『심포시온』206b.

56 플라톤,『심포시온』206c.

57 플라톤,『심포시온』206e.

58 플라톤,『심포시온』208d.

59 플라톤,『국가』614b-621b.

60 리차드 테일러,『형이상학』, 엄정식 역, 종로서적, 1988, 95-98쪽. 필자가 일부 줄이기
   도 하고 다소 윤색했음을 밝힌다.

61 플라톤,『파이돈』77d-e.

62 플라톤,『파이돈』77e.

63 이형기, 1963년 제1시집『적막강산』게재.

찾아보기

[ㅎ]

타나토스총서 10

죽음을 생각한다는 것

등록 1994.7.1 제1-1071
1쇄 발행 2015년 5월 29일

지은이 이강서
펴낸이 박길수
편집인 소경희
편 집 조영준
관 리 위현정
디자인 이주향
펴낸곳 도서출판 모시는사람들
        110-775 서울시 종로구 삼일대로 457(경운동 88번지) 수운회관 1207호
전 화 02-735-7173, 02-737-7173 / 팩스 02-730-7173

인 쇄 상지사P&B(031-955-3636)
배 본 문화유통북스(031-937-6100)
홈페이지 http://modl.tistory.com/

값은 뒤표지에 있습니다.
ISBN 979-11-86502-11-2   94100
SET   978-89-97472-87-1   94100(세트)

이 도서의 국립중앙도서관 출판예정도서목록(CIP)은 서지정보유통지원시스템 홈페이지(http://
seoji.nl.go.kr)와 국가자료공동목록시스템(http://www.nl.go.kr/kolisnet)에서 이용하실 수 있습
니다.(CIP제어번호: 2015016664)